霊的治療の解明

新装版

HARRY EDWARDS
SPIRIT HEALING

ハリー・エドワーズ
梅原伸太郎 訳

国書刊行会

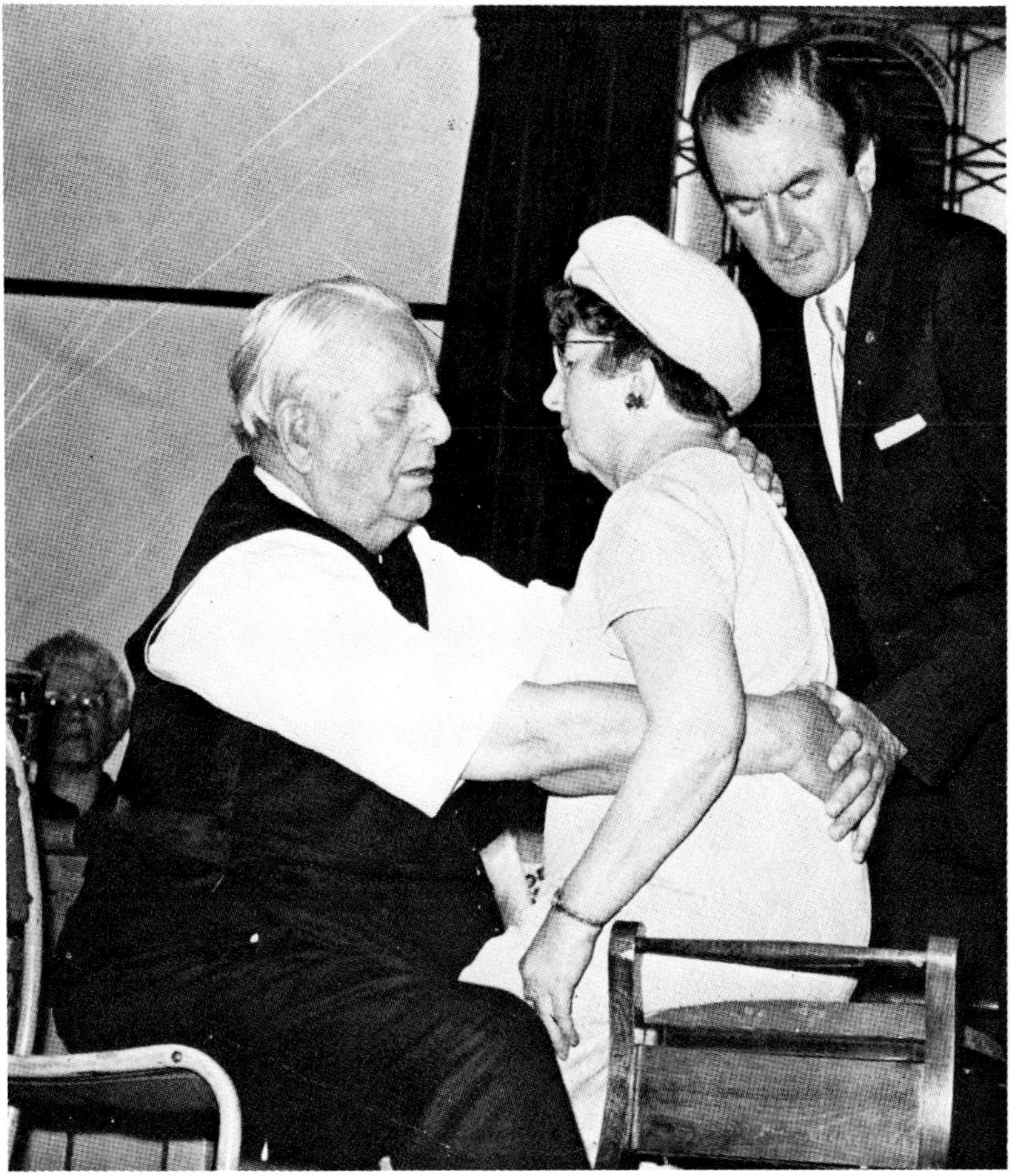

脊椎の治療をするハリー・エドワーズ(左)と弟子のレイ・ブランチ(右)。

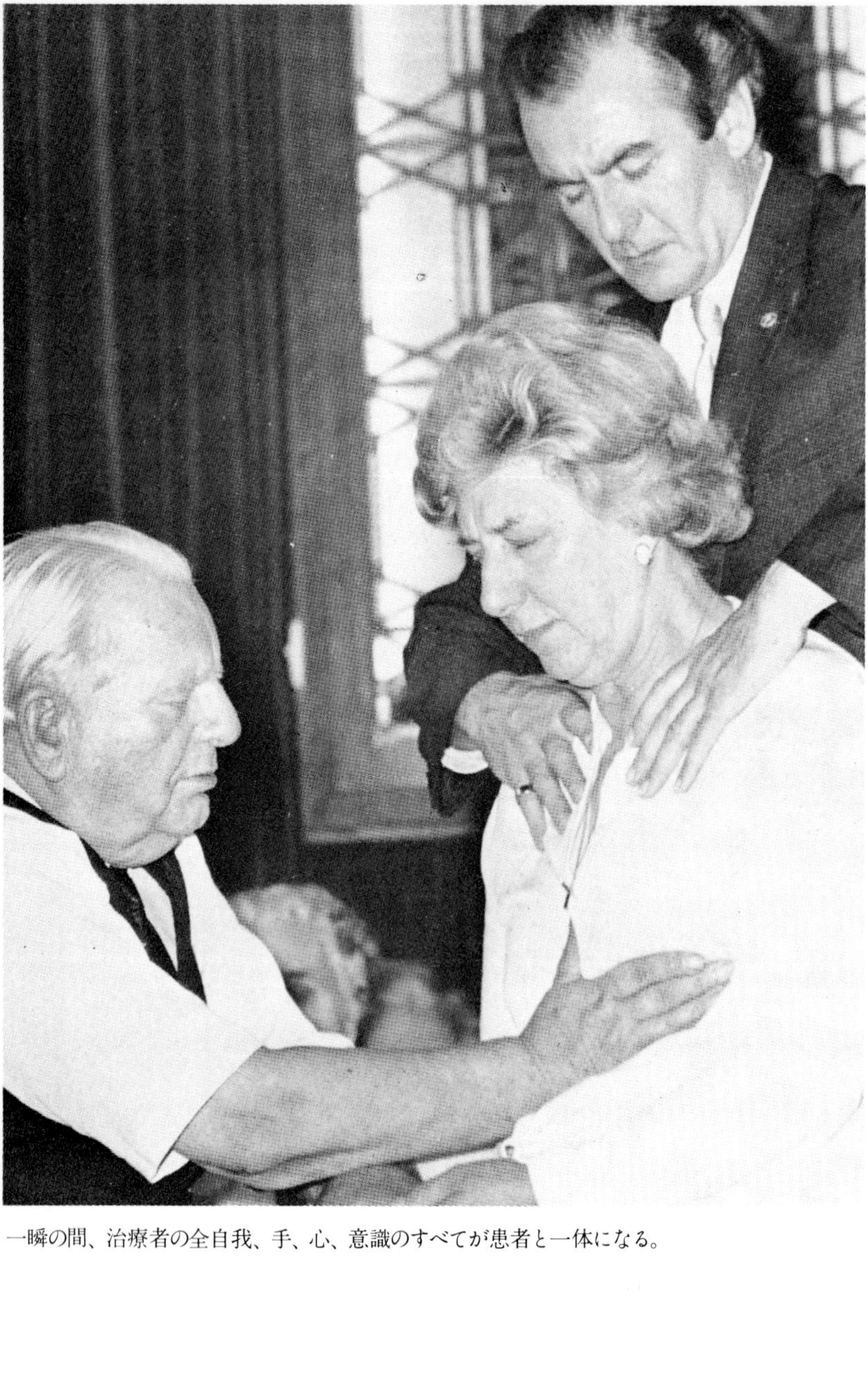

一瞬の間、治療者の全自我、手、心、意識のすべてが患者と一体になる。

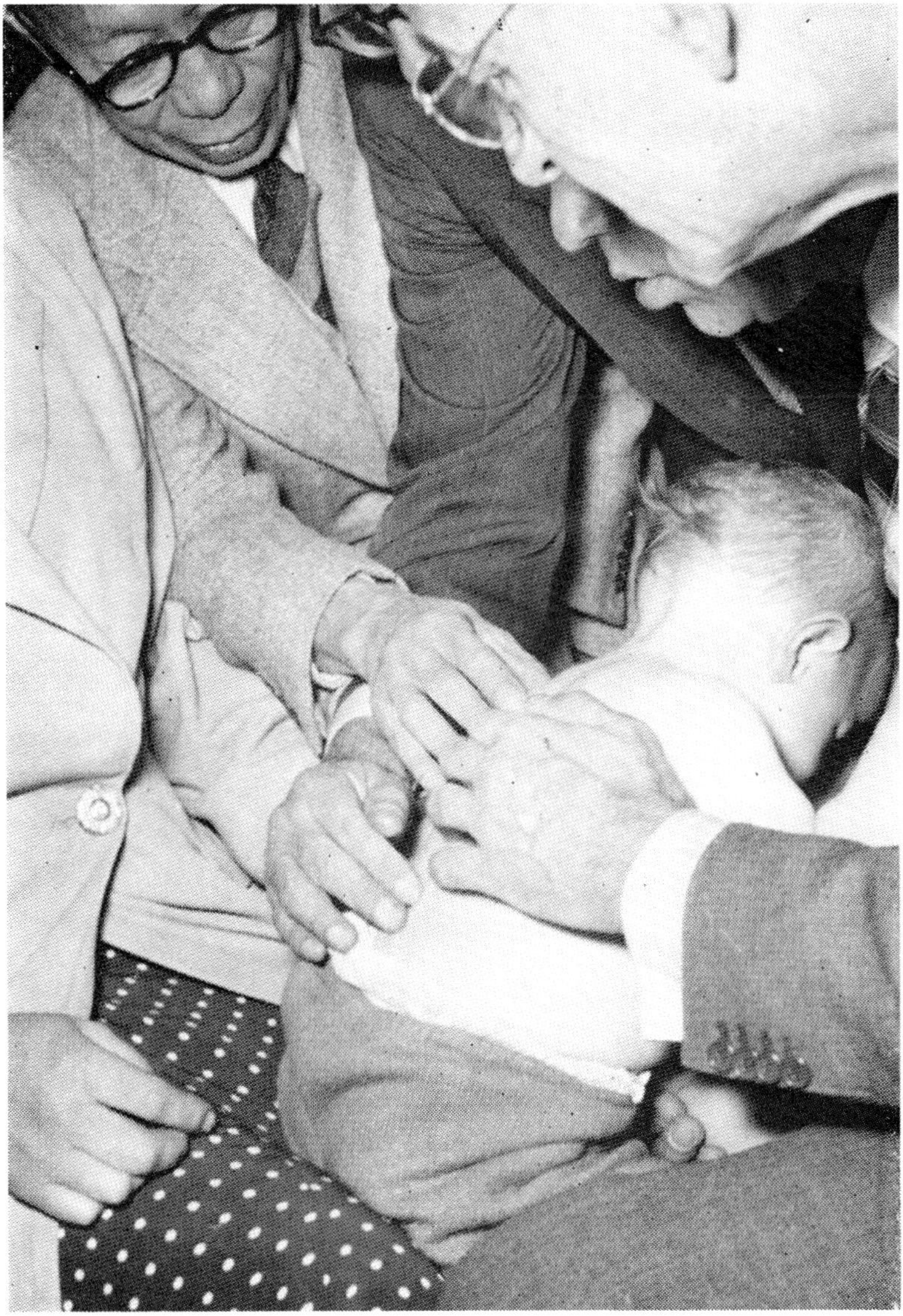

赤ん坊の脊椎の湾曲が矯正されたのを、三人の医師が確かめているところ。

ルイ・パスツール(1822–1895)
狂犬病の予防接種法を発見した
フランスの細菌学者。

リスター卿(1827–1921)
防毒殺菌外科手術を完成させた
イギリスの外科医。

上の二枚の鉛筆画は
心霊画家フランク・
リーによって描かれた
ハリー・エドワーズの
指導霊。
(解説参照)

ハリー・エドワーズ　家族や親しい人からは
ヘンリーの名で呼ばれた。

南側から見たハリー・エドワーズ治療院の建物。

最も神聖な治療室。左方のマークは治療院のシンボルで、円は全人類が一家族であること、十字はキリスト精神をあらわす。

(上)ロイヤル・アルバート・ホールで
大観衆を前に治療に備えてワイシャツの
腕をたくし上げるエドワーズ。
これは彼の典型的なスタイル。
六千人もの人が集まった。

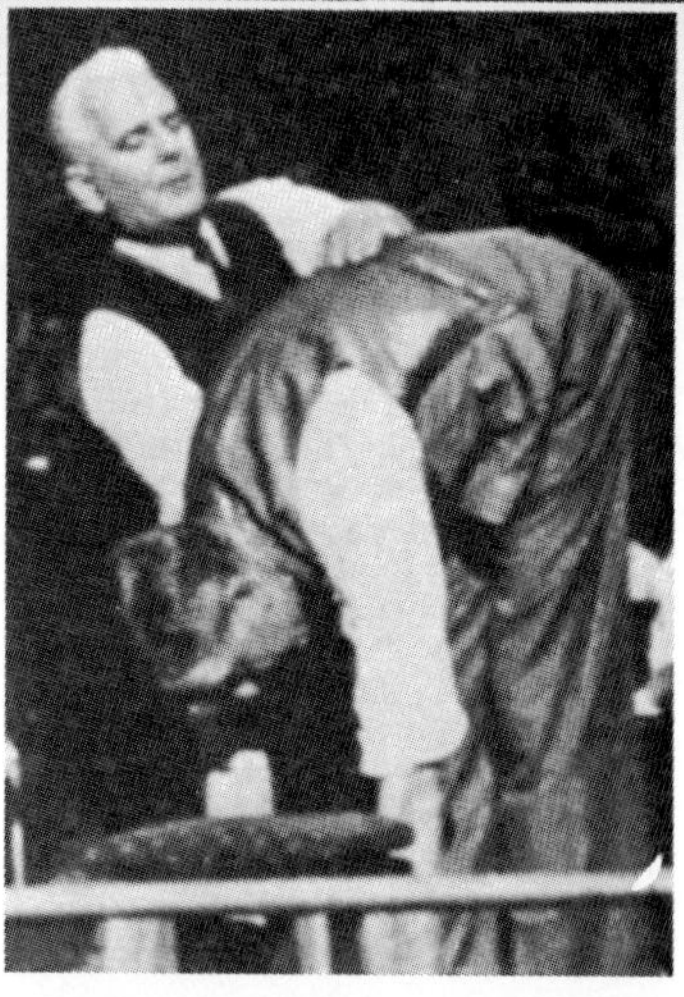

(右)霊的治療が実際に起こったこと
を証明するために、治療後(重い脊椎
病患者)、つま先に手を触れさせる。

(1) 関節炎で変形した
手指に注意。患者は痛みの
ためにエドワーズの手を
握ることができない。

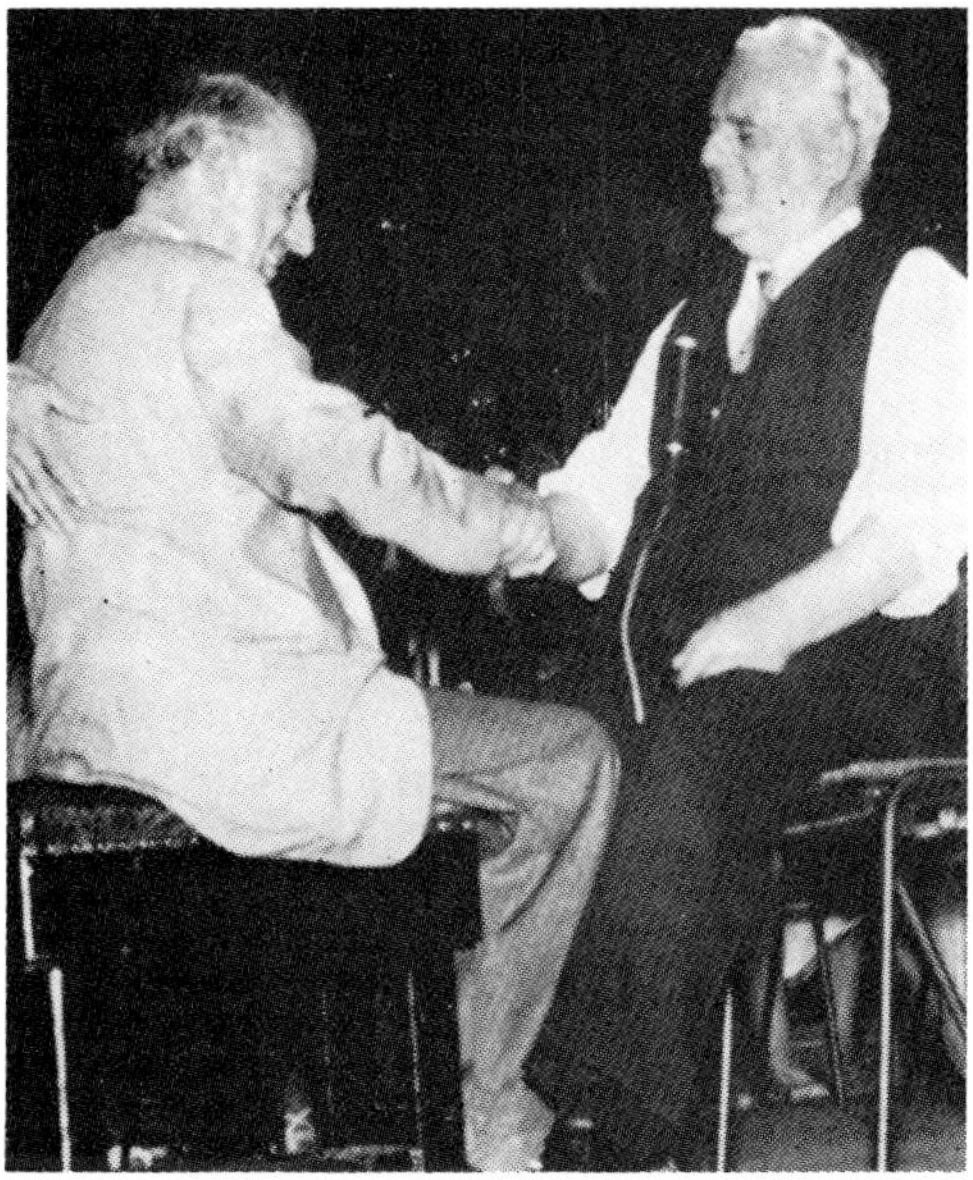

(２)治療によって手の指が
自由に動かせるようになり、
エドワーズの手を
しっかりと握る。

マリー・ルイーズ王女。霊的治療の信奉者で、彼女はしばしばハリー・エドワーズの治療院に通った。

なんという歓喜！　患者は杖を投げ捨てて治療院を出る。

霊的治療の解明

著者まえがき

　この著がまさに印刷に付せられようとしている現在《いま》、霊的治療が医学界から認知されるという画期的進歩のニュースがやって参りました。

　一九五九年九月に一通の手紙が、英国霊的治療家連盟からロンドンの諸病院の当局者あて差し出されたのです。その手紙は、患者の要求があったときには、連盟から派遣される会員が病院を訪問し、病院の指示下、訪問した時点における通常の医学的判断に沿って霊的治療を受けられるよう許可を求めたものでした。また治療の方法は、治療祈念と手を置くことによってなされることになっていました。

　一一月三〇日までに、これらのうち二二人の病院当局者がこの要請に許可を与えました。こうした結果、現在では二〇〇ほどのロンドンの病院が公式に霊的治療を受け入れているのです。保健省のあるスポークスマンは、この権利は牧師に与えられるのと同じ基盤で保証されるべきだと言いました。

この前進的な運動の公式発表が最初になされたとき、英国医師会の一代表はこの計画への反対を表明しました。しかしその後、医師会は、治療家連盟の意図や病院を訪問する治療家によって遵守されるべき規則について詳しく知り、その結果、英国医師会の事務次長が、連盟の申し出は、かれらの懸念を鎮めたとの書簡を寄せてきました。それればかりか、彼は未だ協力していない病院に対しても連盟の要求を強めるようにとの、実際的な助言までも与えてよこしたのです。

英国内のすべての病院当局と折衝の持たれる計画がありますが、まずもって残余の病院は、ロンドンの指導に従うだろうと見られております。

かくして、史上初めて、医師団と霊的治療家の間にある種の協力ができるでありましょう。このことは計り知れない効果を持ちます。総合医学評議会[†1]の定めた医師が霊的治療家との協力を禁止する条項を修正する必要が生ずるでしょう。もう一つは、内科医や外科医が霊的治療を受けた患者がよくなっていくのを観察して、医師たちの処置のもとで行なわれる病人への霊的治療を歓迎するようになることです。

最も重要な結論は、人間に霊的能力があるという真理の認知であり、また霊的源泉から援助をうるためには、人間自身が今すでに霊的部分を持った存在であらねばならないということを明らかにして、それによって医学研究に新しい分野のあることを証拠立てるということです。

†1 一九七七年、総合医学評議会は、医師が自分の必要だと考える医学的処置に責任を持ち続けるという条件で、英国霊的治療家連盟の会員である治療家の援助を求めることを奨めたり、同意したりしてもよい趣旨の声明を発表した。

目次

第一部　霊的治療とは何か

第一章　潜在的治療能力

霊的治療は、世の人々が思うほどに神秘的なものではありません。四半世紀以上におよぶ治療経験から私が学んだ最も重要なことは、治療者に関する限り、治療行為そのものは単純な行為であり、治療全体を眺めてみると、それは厳密な科学と言ってもよい事柄だということです。

ここ一〇年ほどの間に、霊的治療についての一般の認識が急速な進歩をみせましたが、これには病気治療の実際的成功が与《あずか》って力あったのです。霊的治療は今や教会や医師の間でも原則としては認められています。大新聞も今ではこれを認め、治療や治療サーヴィスについてはもはやニュースとしてすら扱われなくなっているほどです。もっと大事なことは、現代医学では施《ほどこ》す術《すべ》のなくなった最愛の家族が健康を回復するのを目《ま》のあたりに見た人々の家庭の中で、霊的治療の占める地位が不動のものとなってゆくことです。このことは英国内だけにとどまらず、世界中、とくに英国植民地やアメリカに広がり、ヨーロッパ大陸でも今や次第に治療の力が偏見に打ち克ちつつあります。

疑い深い人々は、霊的治療の証人となるような人は軽信で被暗示性の高い人間なのだと考えるのでしょうが、それでは、著者のもとへ治療依頼に来る人々にはあらゆる種類の人がいるという事実を、どう説明できるのでしょうか。これらの人々の中には、英王室や他の王室の方々、大臣や司法官、貴族院議員、政党の党主、国会議員、陸海軍の最高司令官などもいるのです。職業はほとんどすべてにわたり、その中には高名な外科医、内科医その他多くの医師がおります。私は去年、一〇〇通以上もの医師からの手紙を、またそれ以上の牧師からの手紙を受け取りました。その結果、キリスト教思想の指導者たちも私の治療所を訪れることとなりました。私の治療所を訪れた人々のうちには、インドの皇子たち、大司祭、オーケストラの指揮者、音楽家、オリンピック選手、BBCの解説者、そしてまた映画や演劇界でおなじみの名前の人々がおります。実際のところあらゆる階層つまり、最も高い身分の人から名もなき庶民に至るまでが、こと霊的治療に関しては平等というわけなのです。

霊的治療は内密に行なわれますので、これらの有名な人々の名前は、大部分の方々が現存している関係上、現在のところ公表するわけにはゆきません。しかしその代表例として、既にお亡くなりになった英王室のお二方の名前をあげましょう。それはアスローン伯爵とH・R・H・マリー・ルイーズ王女です。王女は私たちの治療院に何度もお越しになりました。最初は膝と肩の関節炎の治療のためでしたが、その後は何か悪いところのあるたびごとに、治療や力の回復を求めておいでになったのです。王女は、ご自分のお仲間のうちで治療の必要な方、たとえばスペインの前王妃などの遠隔治療などをご依頼になり、私どもをご訪問のおりには、その方々の回復の模様を逐一ご報告なさろうとするのでした。

女王戴冠式に出席する二日前、マリー・ルイーズ王女は、祝賀の宴や儀式の全日程をこなすエネルギーを補給するために来られました。歳をとられ、死も真近に迫っておられましたので、身体がとても弱くなっておいでだったのです。王女が最後にいらっしゃったのは、お亡くなりになる少し前のことでした。王女はその頃ご自分の本を出版したいと思っておられましたのでフォイルでの出版記念午餐会に出席なさるための力をつけたいというお望みでした。お着きになったときは、相当弱っておいでで、車から私のお迎えする部屋まで来られるのに介添えが必要なほどでした。治療所までの短い距離すら歩く力がなかったのです。力をつけてさしあげたあとは、王女はまっすぐ立って車まで一人でお歩きになれました。そして出版記念の午餐会に出席するという望みをかなえることができたのです。ウィンザーのセント・ジョージ礼拝堂で行なわれる葬儀への招請が、チェンバレン卿から私宛にありましたことで、私どもが王女に施しました霊的治療への公的認知が与えられました。

治療を求めてきた著名人の名をあげるのは、利己的な目的からするのではなく、この霊的治療なるものが、英国においていかに広く知的な人々の間で受け入れられているかを示すためなのです。他のあらゆる身分の人々もまた、植民地やアメリカやその他の国から治療を求めてやって来るのです。

治療力《フォース》についての私たちの理解にはまだ限界がありますが、しかし充分な資料とデータが揃っていますし、また経験によって、この治療実施のための源泉や手段を明らかにするための初歩的結論はえられております。

治療力は物理的な力ではありません。それは霊界からやってくるものです。このことは唯物論的人生観に浸りきった人々にとって、挑戦的な事実です。つまりこのことこそ、現代の科学的な時代にあって、人々に霊魂の実在することを如実に教えるものなのです。

霊的治療をコントロールできる既成のルールや人間的技術といったものは何もありません。それは次元の異なった世界からやってくるのですから、その間の詳細な操作内容を理解するのは、生まれつきの盲人が色を理解するのと同じくらい難しいことなのです。しかしエネルギーの形成と効果(核分裂におけるような)に関する最近の科学的知識は、治療力についての私たちの理解をわずかながらはっきりさせるのに役立ちました。

私は霊的治療を、人間でないものによってもたらされる治療を指すことばであると定義いたします。霊的治療家なら誰でも、あらゆる種類の病人を癒すという経験をするものですが、一方、医学的には不治と思われる人々の治療を通して、その効果を証明しなければならないのです。なぜなら、「放っておいてもよくなったはずだ」とか、「患者が回復したのは、医者や家族の手当てのせいだ」と言われるからです。

霊的治療の記録は、数えきれないほど多くの不治の病といわれる人々が、正常な健康状態を取りもどしたことを示しています。英国医師会でさえ、今では、「霊的治療を通じて、現代医学では説明のできない回復が起こる」[†2]のを認めているのです。霊的治療の直接の結果として、不治の病が医師の理解を超えて治癒するのを目のあたりに見るとき、私たちはそれを霊的治療が現実的であることの一応の証拠とみなすことができるのです。

さて、まず、私たちが霊的治療において、その治癒と施療の源泉と考えているものが何であるかを明確にしておきましょう。すべての霊的治療は神的なもので、神から発している、と私は考えています。霊的治療は、人間が本来霊的な存在であることを示し、また、まがまがしい病気が克服できる道を示すという神の計画の一部に沿うものなのです。

古代から現代までの諸宗教を調べてみると、霊の存在を示す物語や、聖書のように、天使の出現や幻視や予言者や霊の声などについて語られた物語が多いのに気づくことでしょう。前世紀を通じて、「霊の賜物」についての認識やその活用の仕方を開発する方法に多くの進歩がみられました。それとともに、指導霊[*1]とよばれるものの個性的存在が、心霊科学の上で受け入れられるようになったのです。キリストが、地上における使命を遂行する途上で指導霊の導きを受けていたとする直接の文献資料は存在しません。が、しかし、それは指導霊がいなかったということを意味するものではないのです。たとえば、エリシャの見た幻視のことを思い出して下さい。またペンテコステの集いにおける霊の出現や、サウルに聞こえた声のことを考えていただければそれで充分です。

近代スピリチュアリズムの進展にともない、指導霊たちが、自分たちの存在を人に知らしめることに力を傾注するよう督励されたのですが、そのことが霊媒現象や治療行為の進歩に大きな役割を果たし、またその結果霊界と現世が密接な相互作用を持つようにもなったのです。

キリスト教の主流派は、人間の教導者としての善霊たちが、人生途上で人々を指導したり病気治療をするために協力して働いている事実を認めませんが、善霊の存在は認めています。教会はこれらの霊を軽んじて、「肉体を失った霊」と呼んでいます。と同時に、英国国教会では「聖者の霊交《コミュニニュオン》」を信じており、ローマ・カトリック教会とても同様です。特に後者は、信徒を病《やまい》や旅行中の事故から守ったりなどするために、聖者の名前を彫りつけたメダルを発行しております。

聖者の階級は人間が与えたものです。それは神の与える位階ではないのです。ローマ・カトリック教会や英国国教会は聖者とは人類同胞に祝福や特別の恩恵を与えうるものだと信じている事実があります。かれらもまた私たちの考えているような指導霊の存在を現実のものとして承知していることになるのでしょう。

教会は、死者の霊や邪霊がある人々に害をもたらすと認めており、実際に「お祓《エキソシ》い《ズム》」さえ行なっているのです。ということは、当然の結果として次のことを導きだします。すなわちそれは悪しき霊の影響と同時に善き霊の影響も存するのであって、善霊たちは、心や肉体や不完全な魂の治療および病気や災害の除去を通して、人々の霊的意識を目覚めさせるという神の計画の実現のために献身しているのです。

近年、英国におけるキリスト教主流派のほとんどすべて、すなわち英国国教会、スコットランド教会、プレスビテリアン、組合教会主義派やメソジスト派などでは、霊的治療を調査する委員会を設けています。かれらは注意深く霊的治療について調べました。いずれの場合でもこの調査には長い年月を要したのです――英国国教会の場合は五年でした。各々の委員会に附せられた照会事項は、まず第一に霊的治療の事実の有無を調べること、第二に教会では既に失われてしまっている治療の能力が教会の教区の中で復活しうるものであるかどうかを調査することでした。第二の点については私たちに関わりのないことですが、第一の点について言えば、いずれの報告においても、霊的治癒は医学的予想に反して事実として起こること、それも各宗派の上層部ではないごく普通の人々の治療によって起こることを認めているのは、特筆されてよいでしょう。

私たちの目的は、霊的治療が何に基づくものであるのか、どうすれば治療の才能を伸ばすことができるか、またその限界と可能性はどうかなどを調べ確かめることです。

善意の人なら誰でも、病気治療ができたらという希望を持っており、また時としてそれは祈りでもありましょう。しかし現実には治療の実現は困難で夢にしかすぎません。しかしながら、治療を行なおうとする内的衝動を持った人々にとっては、それは最初に思うほど達成しがたいものではないのを明らかにしたいと思います。

私自身は、全く思いがけないことで、自分に治療能力が潜在していたことに気づいたのです。一九三五年以前のことですが、私は自由主義の鼓吹者であり、国会議員の候補者として、熱烈に、平和と社会福祉の仕事に力を尽したいと考えていました。霊的治療のことなど全く念頭になかったのです。しかしスピリチュアリズムについてはむろん知っておりました。一九二二年にスピリチュアリストの教会に行ったことがありますーーそのときは大変深い印象を受けましたーーが、スピリチュアリズムに対しては批判的に見ておりました。実際当時の私にとってそれは、ありもしない超常現象を信ずるといったことと同じ類のことなのでした。その頃の考え方は合理主義者のそれで、宗教になどは一顧だに与えてなかったのです。

一九三五年に、ひとりの友人が、私の住んでいる近くの個人宅に附設された小さなスピリチュアリストの教会に行ってみないかと私を誘いました。その時私はこだわりを持たずに出かけました。しかし決して騙されたりしないように、すべてを良識の光のもとで見ようと決めていました。ところが、何人もの霊媒から私には治療力があるという霊信を受け取り、二つの教会の霊的治療の能力開発グループに加わって、実際に治療力を引き出すための指導を受けたのでした。

私が治療の実体験をするようになったのは、これらのサークルの一つにおいてでありました。私の友人である一女性が、彼女の知り合いの男性が奔馬性結核と肋膜炎でプロンプトン病院に入院していると私に告げました。彼はもう自分は長くは生きられないと思っているということでした。私と彼女は一緒になって、彼が治療を受け入れてよくなるようにと精神を集中いたしました。霊的治療を行なっている間に、私は心の中に何列かの病床が並んだ一病棟の情景を見ました。おしまいから二番目のベッドに私たちの患者がおりました。あとになって、私の見た情景は、患者も病棟の様子も実際の通りであると知らされました。

次の週に二人が会ったとき、私が患者の様子はどうかと尋ねますと、肋膜炎はすっかりよくなり熱も平熱になったこと、出血も止まったことを知らされました。私たちはなおも精神集中を続けました。三週間後には大変よくなり、回復期の患者のための療養所へ移されました。比較的短期間で彼は仕事に復帰することができたのでした。

それから間もなく、一人の女性が、当時印刷と文具関係の商売を営んでいた私の店に入ってきました。その女性は大変とり乱しており、理由《わけ》もわからずにただこの店に引き寄せられて来たのだと申しました。彼女が私に自分の悩みを打ちあけて言うにはこうでした。彼女の夫はロンドン病院に入院しており、そこで末期の肺ガンであると診断されていました。日ごとに衰弱が激しくなって、その結果、医者はとうとう手の尽しようがなくなったと宣言して、彼女の夫を救急車で自宅に送り返して来ました。そして彼女は、あなたの夫はもう死にかけているので、できるだけ暖かく看取《みと》ってあげて下さいと言いわたされたというのです。

彼女の悲嘆《ひたん》を鎮《しず》めようとして、私は彼女の夫のために霊的治療を試みてみましょうと申し出ました。その夜、治療を行なったときの感じでは、とても回復の見込みはありませんでした。ところが、二日後、彼女が訪れて素晴しい報告をしてくれたのです。私が治療すると言った次の朝、彼女の夫は朝早く起き出して、彼女にお茶を飲みたいと言ったというのです。驚くべき変化が生じました。子供たちがその変化を実際に確かめようとして訪ねて来ました。かれらは坐って、びっくりしながら父親の様子を眺めたのでした。彼は病院につれてゆかれて別な医師の診察を受けました。診察ののちその医師は、適切な医療の結果、回復できておめでとうと彼に言いました。医学的な手当ては何も受けないでよくなったのだと申しますと、そんなことは医学上ありえないことだと言って信じなかったというのです。まもなく彼は仕事に復帰し、私の知る限りでは、それから二〇年たった後も生き続けておりました。この男が不可知論者であり、妻が彼の病状の重大さを告げず、またどういう治療に助けられたのかも言わずにいたというのは興味深いことです。このように私の扱った最初の二つの症例は、患者に何も告げないで行なった遠隔治療なのでした。

第三のケースは直接治療でした。とても重い病気にかかった少女の姉が、霊能者からのメッセージで、私を探し出しなさいと言われたというのです。そこで彼女は夜遅くわが家のドアを叩きました。彼女は一部始終を話し、妹の病が重く、高熱があることと、医者が危ぶんでいることなどを告げました。彼女は近くの街に住んでいましたので、私は翌日訪問しましょうと約束し、その日の夜も治療を試みるつもりだと言いました。

次の朝、私が彼女の家を訪問しますと、家の前の道路には、車の通る騒音を和らげるための藁《わら》がまかれていました。カーテンが一杯にひかれていましたので、家の中はほとんど真暗です。私は少女の額に手を置き、彼女に力と治療が与えられるよう想念を集中いたしました。これが木曜日の朝のことです。治療しながら直観的に、患者はよくなると知りました。私は無邪気にも、週末にはよくなるでしょうと母親に言ってしまったことを思い出します。そのときの母親の、とても信じられないといった顔つきを忘れません。私の予告は当たりました。熱が下り、日曜日には起き上がってお茶を飲むことができたというわけです。

話はそれで終わりませんでした。というのは彼女は結核で、肺の片方は空洞があって死んでおり、一四日もの間、酸素吸入を受けていたことが分かったからです。私はそのために治療を続けました。彼女が以前に治療を受けていた病院にもどって検査をしてみましたところ、空洞は影も形も見えなくなっていることが分かりました。すべての検査は陰性でした。彼女は健康証明証を与えられました。その後彼女は、一年前まで自分が患者で入院していたサナトリウムの看護婦になりました。そして二度とわるくならずに、結婚して子供を育てあげ、幸せに暮しています。

この三つの体験例は私に霊的治療には何かがあることを教えてくれました。私は治療能力の発達を求め続けました。治療の成功例がそのあとにも続きました。今から大分前になりますが、私は自分の家を治療院にしたのですが、そうしますと、患者の数が次から次へと増えつづけていったのです。

私の治療能力の発達についてはあとの章で述べることとしましょう。これらの初期における体験例では、初め私が意図して治療能力を求めたのではなく、運命と環境によっていつの間にか治療できるようになっていたということをお話したかったのです。この能力を潜在的に持っておられる人々は、このことを知って勇気づけられると思います。

私はまず、霊的治療を裏づける公式を確立し、病気の人が人間の物理的、霊的成り立ち（構造）についてよく知ることによって利益をうるような、治療のプロセスを示すことが必要だと思っています。

今のところは、人間自身は道具にすぎず、治療能力を持ちません（患者との親和力によって発揮される力の場合を除き）し、また治療を可能にする人間的テクニックといったものは存在しないと大雑把に言っておけば充分でしょう。治療能力は他の肉体的技術や学問のように、学習によって伸ばすことができます。治療の能力は、免状や叙階や白衣を身につけることによって与えられるものではありません。それは能力を持った人が、このよき力の知的管理者である霊と波調を合わせることによってはじめて機能するものであり、その霊とは、霊界における神の治療伝導者としての霊人なのです。

†2英国医師会の報告書『神癒における医師と牧師の協力』一九五六年、および、『霊的治療による教会の伝道』一九五八年参照

第二章　総体としての自己[*2]

霊的治療の手段と方法およびその作用を支配する公式を理解する前に、〈総体としての自己〉をつくりあげている肉体と霊体の組合わせについての概念と、霊との協力や同調が達成される方法についての概念を持つことが大事です。

人は肉体のほかに、私たちが「霊体」と呼んでいるもう一つの身体を持っています。それは完璧な身体であり、肉体が物質界にいる間ののりものであると同様に、霊界に行ってからののりものとして活躍するものです。

私たち各個人は〈肉体的な心〉のほかに〈霊的な心〉を持っています。これが、プシケーとか「私」とか魂《ソウル》とかのことばでよばれているところのものです。肉体的な心は、物理的な感覚の受容と感知、快適さ、性的表現、有機体の方向、地上的知識の収集と支配などとかかわっています。

霊的な心は、生命の持つ高低の動機、理想主義や野心、感情、愛、憎しみ、寛大さ、卑しさなどにかかわっています。

意識はこの二つの心が出会う場所です。それは、自我が印象や指向や経験を認識する場所です。肉体的な心は霊的な心に善悪いずれかの影響を与えます。そうしなければ進歩というものはありません。反対に霊的な心は肉体的な心を動機づけます。

肉体的な心が肉体的要求や感覚とぴったり同調し、集められた情報の受容器となるように、霊的な心の方は思考や霊的生命からの指導に同調することができます。このことは、私たちの精神科学が基盤とするところの重要な結論なのです。

私たちが霊的な心を持っているということは、肉体的な感受力と霊的な感受力のプロセスを比較検討することによって、容易に証拠だてられます。

私たちの経験することはすべて、苦痛、飢え、快適さなどの感覚や視覚、聴覚等々のいずれにしても、単なる肉体的な感知ではなく、精神的理解に属する事柄です。たとえば、眼それ自身は「見る」ことをしていません。眼は網膜を形づくる無数の杆状体と錐状体に特定の反射光を受けています。各錐状体と杆状体には神経がつながっており、個々の光はその視神経組織を通して運ばれ、意識によって記録されている経験に翻訳されたのちに、多面的な画像が一つの全体像をつくりあげるのです。同じ過程が聴覚にも適用されます。意識が、多くの音波や振動を私たちの理解できる演説や音楽の形に翻訳するのです。

霊能者が霊姿や霊像を見るとき、それらを見るのが人の意識であるということは、物理的視覚の場合と同じです。霊的な像や音は肉体器官としての眼や耳では判別できません。

送信者と受信者の間には調和の状態があることが絶対に必要です。もととなる送信（霊）と、そこから放射されたものを導き受容する受信（人）の機関の間に媒体となるものが必要なのです。肉体の場合は視聴覚が受信を受け持っています。霊的な視聴覚にも基本的には同じ原理が適用されます。従って霊の側から送られた画像は、人の側の同調する力を通じてのみ受け取ることが可能なのであり、霊的な心こそがそれに当たるのです。

治療のメカニズムに関しては、霊の感覚が意識によって受容されるのと同じやり方で、「想念」が受け取られるのだということを知ることが肝要です。想念伝達は霊的な心から意識へ伝えられ、次に肉体的な心の方に伝えられるのです。この方法で、治療霊は、多くの病気の原因となっていると思われる内的な心の挫折を慰め鎮めることができるのです。

同じような類推が、あらゆる精神的受容形式、たとえばインスピレーション、直観、問題解決能力などのようなものにも適用されうるのです。もしある人たちがこのような心的技術を開発できたとしたなら、そのとき私たちはその人々を霊媒だとか治療家だとか呼ぶわけなのです。これらの人々は別段霊媒でない人々と違った成り立ちをしているのではありません。霊媒の意識が自分の霊的な心からの情報を受け取れるように同調しているというのにすぎないのです。霊媒や霊的治療家の存在は、霊我というもののあることを証拠立てますから、他のすべての人々にも——心霊能力は眠った状態にありますけれども——やはり、霊体や霊的な心があるのだということになるのです。

霊的な心の不調和が原因で病気になっている人が治療を受けますと、祈り手たちの善なる思念が、患者自身は無自覚でいても、その心の不調和を克服し治療の力を導入するので、その結果、患者の外観は明るくなり病気の原因は除去されるのです。

霊的治療を行なうに際しての〈身体知性《ボディ・インテリジェンス》〉との協力という問題も考えておかなければなりません。身体知性ということばによって私は、必要なときに喚起される一連の命令系統を指しているのです。たとえば、ビールスが体液の中に入ってきますと、身体知性は侵入者と戦いこれをやっつけるために血液中の抵抗物質の活動を要求します。傷ができると、身体知性は、傷口を覆うに十分な血小板の供給を要求し、それを治す作用を強化します。私たちはよく、意志の力の行使によって病状の悪化を克服してしまう人のことを耳にしますが、それは、想念そのものがじかに身体知性を刺戟して病状を好転させる活動手段をよび醒ますよい例なのです。治療霊が病気の箇所を診断するとき、病気修正の想念刺戟を、身体知性を活動させるために操作できると想定することはおかしくありません。

創造過程のどこにも、物質形式と生命形式の間にそうくっきりとした境界のようなものはみられません。気体と液体、液体と固体、魚と哺乳動物の間の区別も同じです。物質界と霊界の間に厳密な区画はないのです。このことを推し進めてゆきますと、霊と心と身体知性の相互の間には連関があり、それ故に、その混り合いのおこるところに霊的能力が発生するのだという結論が導かれることになりましょう。

かくして身体知性は、かつては自然とか本能とか呼ばれていた肉体方面からの指令ばかりではなく、霊から吹きこまれる行動指針をも受け入れるのです。しかしこれはあくまでも、治療過程の一つの面でありまして、有機体の病変を治すための直接作用による治癒力の行使に付加されるものにすぎません。

この直接作用とは、腫瘍を消散し、関節固着を取り除いたりするときの力で、この力の作用については、次の章で治療を支配する公式の概観を学んだ後に述べることにいたしましょう。

第三章　治療を統べる公式

これまでのところ、治療がどのようにしておこるのかという問題についてはほとんど分かっていません。私たちは、それを支配している決まった規則というものを知らないのです。一つの治療が成功したからといって、それが他の例に当てはまるとはかぎりません。たとえば、私は、治療中ある子供の曲がった足が瞬時にまっすぐになるのを体験しましたが、もう一方の足は同じような状態であったのにそうはいきませんでした。私のとても大事にしていた人を治すことができなかったのに、同じ頃に、赤の他人で同じ病気の、しかももっと重症の患者をみごとに治すことができたりするのです。

とは言っても、治療を支配しているメカニズムとして、いくつかの基本的な結論をひき出すことはできます。

国籍や宗教の異なる人々、社会生活上進んだ人や遅れた人など様々な人々についての過去の経験からみるところでは、治療には一つの共通な要因のあることがわかります。その要因とは、治療の行なわれる前提として、はじめに必ず治療を依頼するためのある想念形態が必要だということです。それが祈りによるのか、仲介のことばによるのか、はたまた呪文によるのかはこの際問いません。とにかくこのことが、ルルドにおけるローマ・カトリックやクリスチャン・サイエンティスト*3やその他ありとあらゆる宗教宗派での治療に共通することなのです。つまり治療が行なわれるためには、これから始めるぞといったような有意的な想念力の放射がどうしても必要らしいのです。つまり霊的治療はそれ自体でいつの間にか始まってしまったり、当然の権利だからそうなるといったものではないのです。

私は次のような顕著な例を思い出します。ある霊的治療家の奥さんが背骨をわるくして、翌朝にはシップ薬を貼りつける予定でいたことがありました。その晩のこと、私はその夫や子供たちと一緒に交霊会を持ったのです。夫である治療家がトランス状態に入ったとき、子供たちはそこにあらわれた治療霊にむかって母親のことを訊いたものでした。年上の子の方は気色ばんで、なぜ治療霊は母親のことを治してくれないのかと食ってかかりました。そのときの治療霊の答えには何とも考えさせられるものがありました。「私たちは頼まれていなかったのですよ」そこで息子は言いました。「そうですか。それじゃあ今からはっきりとお願いしましょう」治療霊はそれに答えて、「よろしい、やってみましょう」と言いました。その日ひと晩中、母親は背骨をいじりまわされるのを感じましたが、やがてよくなったとわかりました。翌朝、整骨医がシップ薬をしに来たときには、彼女はおき上がって全く普段と変らず歩きまわっていたのでした。

そこで最初の結論はこうです。

すなわち、治療をはじめるには、有意的な想念力を放射することが必要である。

生起するすべてのこと、すべての運動、理解のおよぶかぎりのすべての変化は法則にのっとって起こるのです。例外はありません。私たちはこのことを、物質の進化、星の軌跡、ばい菌の発生、誕生、成長、死、一分子における原子的成り立ち等々の中にみます。人間科学はこれらの法則に基いています。そうでなければ何もかも混沌としてしまうでしょう。何ごとも偶然によっては生起しません。奇跡というようなものはないのです。

同じことが霊的治療にも適用されるのです。霊的治療の行なわれるときは、普遍的原理にのっとった或る法則の力が働きます。治療は与えられた条件に適用される法則力の働いた結果なのです。

この結論は霊的治療を限界づける要因を私たちに教えます。つまり、治療は法則に逆らって起こることはないということです。切り離されてしまった指が生えてくるということはありえません。年とって老衰がやってきたならば、少年時代に立ち戻る方法はありません。病気の原因が存在しつづけるかぎり、病気もまた存在しつづけるでしょう。眼を近づけてする仕事のためにおこる緊張が原因の視力低下の場合を考えて下さい。同じことが続くかぎり回復はありえません。関節炎治療を望む人が、湿気の中で生活したり、湿ったままの蒲団の中に寝ているならば、関節炎はよくならないでしょう。このことは霊的治療が全く効果がないことを意味するものではありません。なぜなら、原因を考えてみるならば、当然病気になるような状態のままで悪しき条件が改められないでいるからです。たとえば年のせいで動脈硬化を起こしている人の場合、私たちはこれを完全にもとの状態にもどすことはできません。が、しかし、苦痛を減少させ血液の循環ができるだけ維持されるようにすることはできます。地上が物理的法則に支配されているのとちょうど同じように、霊界にも似たような法則があるのです。なんとなれば、何も秩序のないところなどはありえないからです。霊界の法則のもとに、その支配の中で働く様々な力というものがあり、かくしてこそ、それらの法則も機能しうるのです。

霊的治療においては、治療霊が、患者の総体としての自己によい変化をおよぼす霊的な法則力ないしエネルギーを操作できるのだと信ずべき理由があります。

これらの二つの結論を結びつけると次のようになるでしょう。

すなわち、霊的治療は一定の方向を持った想念の放射によって作動する法則力の結果として起こるものである。

霊的治療の成功の記録は、さらに次のような共通要因を示しています。治療が行なわれるための正しい条件さえあれば、治療の限界は、物理的、霊的法則によってのみ制約されるということです。私たちは、一人の治療家が霊界の道具として働くことによって、様々な種類の治療が行なわれるのを観察します。それはたとえば(a)バランスのくずれた心の平衡をとりもどす。(b)悪性腫瘍物の除去。(c)視覚やその他の感覚の回復。(d)白血病における血液成分の変化などです。このことは、治療エネルギーというものは一種類ではありえず、一人の患者の処置のためには、幾つもの異なったエネルギーが働くものだということを意味しています。

それぞれの人の不調和に適合した治療エネルギーを用いるためには、診断と識別の能力が必要とされることは当然です。これを行なうためには、全体を管理監督する能力を持った知的存在が必要なのです。

病人が不治であるということは、そこにはもはや人智が役立たぬということを意味します。医学はもはやどうすることもできません。霊的治療を通じて不治の人が回復し健康をとりもどせば、そこには何らかの高級知性体が関与したということにならざるをえません。この知性体は人間ではなく、霊の世界からやって来たものにほかならないわけです。

ある人は、この知識は人間の潜在意識から来るのだといいます。人間わざではもはやどうしようもなくなった状態で、計画的な治療を行なうための精密な知識を私たちが持っているとか、あるいはかつて持っていたなどという証拠はどこにもありません。それゆえ、潜在意識が正確で深い知識を引き出せるような経験などというものは、私たちのどこにもありはしないのです。

従って、治療霊が治療に必要な該博な知識を所有していたのだという結論になります。と同時にこのことはまた、この智慧の主が、物理的な心身を治療するために霊的な力を整然と用いたことを意味するばかりではなく、人体の構造を支配する物理的力と霊的な力の組み合わせ方を知っており、またある状態では霊力を物理力に変えることもできる存在だということを意味しています。

兎小屋を建てるのでさえ、計画にそってことを進めるための知的方針が必要なのです。電気のような物理的な力を用いるためには、それらを支配する法則を理解しなければなりません。私たちがある効果を獲得するためには、それらの法則を管理しなければならないのです。霊的治療は計画的な行為です。それには意図と方向性がありま す。望む結果をうるためには、患者にとって望ましい化学的機能変化を産みだす修正力をどう管理するかについての知識がなくてはならないのです。

人がその持てる能力によって智慧を獲得しようとする場合には、いつも試行錯誤のゆっくりとした、たゆまぬ進歩の経過をたどるものです。指導霊が突如無限の智慧の所有者になるということはありえません。ですから、霊的な法則力やまたそれと物理的力とをどう組み合わせれば病状を好転せしめられるかについて理解するためには、かれらとてもまた試行錯誤の道を歩まねばならなかったのだと考える方が合理的です。その証拠として、私たちは今日、ある病気の治療に関して、数年前よりもずっと容易に治療できるようになったという事実があげられると思います。

そこでここに三つの結論をまとめて要約してみましょう。

すなわち、霊的知性《スピリット・インテリジェンス》と同調できる能力を備えた人間の心が、ある訴えの想念を放射することにより、治療霊《スピリット・ガイド》はこの訴えを読みとり、患者の身体の不調和箇所を癒す修正的性質を持った力を操作することができる。

治療霊の治療能力は全能のものではありません。それは今までも述べてきたように、全体法則というものに制約を受けています。ですから、難病の瞬間的治癒もめずらしくはありませんが、概して、治療霊の側で病気の原因を徐々に克服し、悪い影響力を取り除く努力を続けるための一定期間が必要とされるのです。肉体的不調を処置するためには、多くの場合、よい変化を起こし、消耗や疲労を取り去り、新しい力と生命力および全体の協力体制をつくりあげるための時間が必要です。霊的治療とはまことに精神の科学なのです。

過去においては、医学者たちは、医学で説明のできない不治の病からの回復を、「自然治癒」とよんできました。そしてそれを「自然が自己主張する」結果とみなして、そのまま放置してきました。しかし何らかの変化の生ずる背後には、必ず合理的なプロセスがあるはずなのです。推論をおしすすめていけば、医学的判断と相容れない回復を説明するための論理的、理性的仮説が導き出されるように思うのです。

この本は、人間死後の生存を自然法則の中に含めて考えるスピリチュアリズム[*4]の見地から書かれています。批判する人も、ここに述べられた結論を受け入れるか、さもなければそれに代わる他の論理的説明を用意しなければなりません。

第四章　治療方法

多くの人々が、どうすれば病気を治す能力を身につけることができるかを知りたいと思っています。霊的治療能力は、おそらく、人々から最も望ましいと思われている能力です。新約聖書に記録された治癒の例は、過去二〇〇〇年間に亘って、あらゆる時代の人々の想像力を掻きたててきました。ごく普通の人々に、イエスの生涯で最も印象深いことは何かと訊くとするならば、そのうちの大部分の人が、「奇跡」であり、「イエスの癒し」であると答えることでしょう。

ですから今日、どなたかが病人と深いかかわりを持ち、しかもそれが家族の者であるとか親友であるとかという場合には特に、その人の心の中にはその病人の健康をとりもどしてやりたいという願いが強く湧きおこってくることでしょう。

この治療をしたいという気持ちが自然の能力そのものなのです。一般的に言って、病気に苦しむ人を治してやりたいと内的に感ずる人は、すべて治療の力を潜在的に持っているのです。また音楽や絵画や数学にたいする生まれつきの才能があるように、生まれつきの治療家と言いうるような人がいることも事実です。

自己中心的であったり、利己的であったり自分のすることの利得ばかりを考える人が治療能力を持つことはほとんどありません。霊的治療家の背後にあって動機となる力はなんといっても愛と共感の力なのです。こういう人々は物質的報酬なしに与えようとします。かれらはそれを必要とする人に奉仕することを愛するのです。

霊的治療は新しいものではなく、古い起源をもつものです。イエスはこの力を呼び起こす方法を知っており、弟子やその他の人々にその力の用い方を教えました。この能力は私たちの時代に至って再認識され、そしておそらくは、心霊科学とその霊的潜在力についての新知識のお蔭で一層強化されてきたのです。

治療家たらんとする人が学ばなければならない最初の、そしておそらく最も重要なことは、治療するのは「自分」ではないということです。

治療家の身体は、他人の病の原因を取り除きうるような特別なものを何も持ってはいません。心の方にも、どうして治したらよいかについての知識はありません。学ぶべきテクニックは何もないのです。治療家はただの道具であるにすぎず、治療霊たちは、自分たちと同調する能力を持った治療者を治療の通路となるように用いるだけなのです。

治療を支配する決まったルールというものはありません。治療力を開発するための唯一の方法などというものはないのです。どんな人にも個性がありますし、治療霊の性格も異なっております。しかしながら、霊的治療の志願者がその能力を伸ばすための一般的指針のようなものはあるのです。

読者の皆さんは、もう既に、著者が霊的治療の神的起源ということは充分承知しながらも、実践的視点でこの問題をとり扱いたいと苦心していることにお気づきのことでしょう。というのも、私たちが何をしようとしているのか、またなぜそれをするのかを知れば知るほど進歩がえられるからなのです。

儀式や儀礼や見栄《みば》えのする技法といったものは人々を信じさせます。またそれらを行なう人は心理的な効果をあげ、かつ治療しようとする意図もまじめであるかもしれません。しかしこのような振舞はなんの役にも立たないものなのです。こうした見かけだけの行為は、治療理論を学ぶうえで何の価値もありません。それはまともな努力の妨げになるだけです。

治療は他次元の世界からやってくるのですから、私たちはその詳細な適用と実施面について知ることができないのです。治療家は前もって治療結果を言うことはできません。

予《あらかじ》め約束したりすることは治療家の権限の中にないのです。と同時に治療家は、霊が癒す力に自分の心の中で制限を加えたりしてはなりません。私はこれまで何度も、慢性状態の芳しからざる症例に出会いました。そんな時、私の合理的な心は、「これでは全く手の施しようがないな――」と思ったりするのです。しかし自分でも驚いたことに、ほとんど不可能な状態にみえた患者が回復してしまうのです。

私は、右眼の視力低下の治療を依頼してきたあるメソジスト教会の牧師さんの例を思いだします。左眼の方は見えなくなって既に三〇年も経っていました。私は初めこの盲《めしい》た方の眼が癒されるなどとは思ってもみなかったのです。従って左眼を治そうというようなことは考えもせず、右眼の治療のみが意図されたのでした。しかし治療が終わったとき、彼女は左の眼ではっきりと見ることができました。このことがあってまもなく、英国国教会の牧師の耳が同じように治りました。もっとも目ざましいのは背骨が生れつき曲がっていた若者の例です。彼の背骨はＳの字に曲がった状態で完全に固まっていました。私の考えでは、病状は進みすぎて根をおろしてしまっており、治癒を期待することはとても無理な状態でした。しかし私はやってみたのです。すると驚いたことに、私は背骨が動き出すのを感じました。それはのびてまっすぐになってしまったのです。

医学的にはいかなる好転も考えられないような病気に対する成功例が何百となくあります。自然法則の枠内で霊人に可能な範囲がどこまでなのかは私たちにはわからないのです。しばしば悲嘆にくれた人から、医師に助かる望みはなく死も真近だと宣告された最愛の人を助けてやってほしいという緊急の電話がかかってきます。その患者のために霊界への治療仲介が行なわれます。次の朝、患者がぐっすりとねむれ、症状に医師の説明できない好転が見られたことなどを依頼者が報告してきます。こうした回復は誰にでも起きるというわけにはいきませんが、慢性病に対して成功する確率も決して無視できません。

以上述べたことによって、治療家はいつでも、治療霊は法則内で可能な最大限の癒《いや》しを行なうのだということに絶対の信頼をおかなければなりません。

次の三つの型の治療がありますので、それについて述べましょう。それは、(1)磁気治療 (2)直接治療 (3)遠隔治療 の三つです。

磁気治療

磁気治療《マグネティック・ヒーリング》ということばはよく用いられますが、あまりよい用語とはいえません。磁気力は極性を帯びた物理的力であり、霊の治療力ではありません。「宇宙力治療《コズミック・ヒーリング》」と言った方がよいでしょう。この種の治療はしばしば無意識のうちに与えられます。頑健強壮で活力溢れるといった人が病人を訪問すると、その人がいるだけで患者がよくなったと感ずるのはその例なのです。また一方ある人は他人からエネルギーを抜きとることもできます。「彼女は私のエネルギーを全部吸い取ってしまうようだ」などというのを聞いたことがおありになるでしょう。

この種の治療は霊的治療ではなく、宇宙力が或る人から他の人へ転移されるのです。

宇宙エネルギーはいたるところに遍満して私たちの健康に役立っています。この宇宙力の存在することは、一本の木についてよく考えてみることでも分かります。樹木は、その栄養を根から吸収することによってのみ生きているのではないのです。その活力と健康は宇宙力に依存しており、それを葉から吸いこんでいるのです。葉緑素はそのようにして生産されます。樹木は、宇宙光線や、それに混ざり合う他の健康を付与する力を吸収するのです。人間もまた同じことをしています。もし人が呼吸を通してこの活力を吸収しようと意識的に訓練するならば、それらを豊富に取り入れることができますし、それによって内的力を一杯に蓄《たくわ》えておくこともできます。もっとはっきりした例は、私たちが海岸に出掛けてオゾンを吸いこむときです。私たちは思わず深く息を吸いこんでしまいますが、それは、そのことが私たちを元気づけて健康によい効果をもたらすことを本能的に知っているからなのです。

磁気治療家が病人に同情を感じるとき、彼は意識的な努力で自分のエネルギーを患者に流してやることができます。そのために患者は気分がよくなったりまた元気がついたと感じたりするのです。もし治療者が何人もひきつづいて治療しますと、彼は涸渇してしまいそのエネルギーが再補充されるまで治療は不可能になります。

磁気治療家のすることは、患者の手をとり、心の中で自分自身を献身的に捧げて、活力が患者の方へ流れ出してゆくように念ずればよいのです。

この方法で治癒する病気の範囲は限られますが、しかし間接的にはほとんどの病状に対して効果を持ちます。この治療の適応症は、主として貧血症、神経的機能的不調、胸部虚弱、そして小児麻痺や血液循環に起因する虚弱などです。この治療は直接病気を治すものではなく、身体に内部的力と活力を付与するのです。そうして生じた力は、身体知性が磁気治療を利用するのを援助したり、健康的気配をつくり出して霊的治療力が病気をおさえこむのを容易にしたりします。

磁気治療と霊的治療の間に明確な境目はありません。一方は他方の導きとなります。その能力はしばしば治療能力の出発点となるものです。

直接治療

直接治療《コンタクト・ヒーリング》の本質は、治療家と患者、および治療家と指導者間の同調ということにあります。治療家は治療力が患者に注ぎこまれる通路になるのです。患者もまた治療家と同じように霊的な心と霊の身体を持つことを思い出して下さい。治療家が持つ使命感と患者への同情心が両者の霊的な心を一つに混ぜ合わせるのです。こうして治療家と患者の間に意識的連結ができるのみではなく、二人の霊我の混交が生ずるのです。治療霊が治療家を通して患者に治療の力を注ぎこめるのは、こうした親和力が成立しているためなのです。

霊からやってくる治療力は、まずもって物理的なものではありません。というのもそのもととなるものがそもそも非物質的なものであるからです。とは言ってもある段階でそれは物理的な力に変換されます。ですからこの変換が、治療家の（又は患者の）霊体と肉体我の間に存在する親密な親和力を通じて行なわれると考えることは当然のことです。

遠隔治療

他の型の霊的治療の成果にも目ざましいものがあります。すなわちそれは遠隔治《アブセント・ヒー》療《リング》によるものですが、一見したところそれには神秘的以上のものがあります。というのは、直接治療には患者との間に触れることのできる人間的なつながりがあるのですが、遠隔治療の場合には触知しえない想念の媒介があるだけなのです。

簡単に言えば、遠隔治療は誰か遠くにいる会ったこともない人のために治療が行なわれるものです。患者は世界のどこかにおり、その場合、距離は非物質的なものです。

遠隔治療は、霊的治療が意志や信仰の力の結果だとする議論を根底からくつがえすような問題提起の新しい要因となるものです。この要因とは、家族や友人などが代わって治療を依頼する場合のように、第三者ないし仲介者の存在があるということです。この第三者の必要は、患者自身が手紙も書けないほどに弱っているとき、または子供や赤ん坊など病気について何も知らされないでいる人のような場合、そして患者や家族が宗教的な理由でスピリチュアリストからの治療を受け入れようとはしない場合などにでてまいります。このような状況では、治療家と患者の間には直接の接触はありませんから、患者の自己意志は全く問題にならないのです。

治療依頼は口頭でも手紙によってでもなされます。依頼を受けた治療家は、治療霊に同調を求め、治療の願いと共に自分の持つあらゆる情報を治療霊に伝えます。この治療仲介祈念は普通、人気のない静かなところで独りで（ないしは友人と）行ないます。

治療家は自分の心から物質的なものに対する一切の関心を拭い去り、治療霊に同調するのです。治療家は、この状態で霊が患者のために訴えと病状の詳細を受け取ってくれることに全幅の信頼を置いています。治療家の能力が進歩しますと、同調の能力は第二の天性ともいうべきものになります。

霊的治療によって癒され救われる病気の種類に制限はありません（法則の範囲内でのことですが）。このことは遠隔治療にも適用されます。

情報を受け取ると治療霊は患者との接触を持たなければなりません。この行為については、私たちは、事実が現にそうあるという以上には理解することが難しいようです。

霊媒の霊我は瞬時に患者のもとへ飛んでゆきます（この章のあとの「霊体旅行」を参照して下さい）。ですから霊我は容易に患者を探し当てることができます。今では霊的治療を支持する証拠が大変多くなっていますので、私たちはこのような接触がなされ、またかつそれがなければ治癒はありえないのだという事実を受け入れざるをえないのです。著者の場合、遠隔治療が大部分を占めており、各週に数千件もの治療を行なっているのです。

治療霊は病気やその原因を診断します。最初は病気の原因の除去に力を傾注し、次にストレスの症状をとり除きます。

身体不調の原因は主として二つにしぼられます。脚の骨折のように純粋に身体的なものと、心や内的自我の不調和によって生み出されるものの二つです。現在では、病気のうちの多くのものが、ある種の精神的ストレスや霊我の挫折に起因していることを権威筋は認めております。肉体的な心と霊的な心はお互いに似通っていますので、治療霊の行なう診断は思ったほど困難なものではありません。

遠隔治療の場合、また他の治療の場合でもそうですが、治療家が避けなければならない心の態度は「気まぐれ」な治療です。治療は権利の問題としてあるのではないのです。ですから、治療実施中は有意な方針がしっかりと維持されていなければなりません。

ある治療家はいつも決まった時間に治療の祈念をいたします。患者はこの時間に治療者の治療の想念に合わせなさいと言われます。著者の経験では、かつてドイツのV1爆弾がわが家を破壊したとき、このキチンと取り決められた時間に行なう治療を中断せざるをえなくなりました。私は悪い結果が出ることを覚悟しましたが、送られてきた報告をみますと、悪くなるどころかずっとよくなっていることが分かりました。なぜこんなことが起こるのか考えてみたとき気がついたことは、霊との同調をする場合には、心が静まってストレスからは解放されていなくてはならないという事実です。時間を気にすることは何の役にも立ちません。霊的治療に時間通りの規則性など必要ないのです。時間を決めると患者の方が約束の時間前に家事を片づけておかなくてはならぬことになります。その時間に期待を持ちすぎると、苦痛のある患者の場合、精神的ストレスが誘発されるのがオチです。ストレスの強くある心の状態で治療を受けるのはもっとも悪い条件となります。

以下が私たちが治療院で遠隔治療を行なう場合の手続きです。郵便が来ると、手紙が係の者によって開封され、中味がとり出されます。そしてそれを私と共同治療者が読むのです。解答の種別が仕分け規則に従って指示され、各人思い思いの注意書を手紙に書きこみます。新しい依頼や重症例の場合には私のところにまわされてきます。共同治療者たちは、永い経験によって、治療霊との同調をいつでもとれるような技術を身につけていますので、手紙を読みかつ答えるという作業の中でさえも、治療霊に患者の病状の改善や一層の回復を依頼することができます。私たちの心が、ある画像を治療霊に伝える時間があれば充分なのです。患者が治療によく反応し、病状が好転するために必要なことはこれだけです。これらの手紙は、私たちが指示した答えをタイプするべく、熟練したタイピストのもとにまわされます。

病状が危機的な患者の場合には、その日の晩か翌日の朝早く祈念するために別にしておきます。

「うまいまずいは喰べてみなければわからない」と言いますように、私たちの方法のよしあしは結果において示されます。治療結果の分析をするたびに、出てくる数字はいつも決まった結果を示していまして、報告の八〇パーセントは不快な訴えが少なくなったとしております。このうちの三〇パーセントは全快の報告です。この数字は通常、医者や家庭内療法で治る程度のものには私たちのもとへ治療依頼をよこさないことを考えれば、たいへん意義のあるものだといえます。

よくなったと言ってこない二〇パーセントが何の効果もなかったのだということにはなりません。たとえば悪性の癌のように非常な痛みを伴って死に至るような病気の場合、私たちは患者が静かになり、安眠をえられ、死に際して苦痛の訴えがなかったと報告されます。私たちはこうした症例でも不治であった二〇パーセントのうちに分類するのですが、この場合でもことばにはあらわせないほどの助けが与えられたことはまちがいのないところです。

現在では、私たちの治療祈念は夜遅くと朝早く患者が心安らかに眠っていると思われるころに行なわれます。このことには治療家が同調状態を続けながら、治療効果をあげるため患者にどのような助言を与えたらよいかについて、直観的指針を受け取るという利点もあります。

ひとたび治療が始まるとそれが止まるということはありません。それゆえ、患者が治療家に定期報告で治療の進み具合を報告し、治療家ができるだけ患者の病状について正確に思い描くことができるようにしておくことがよいのです。

治療者が静かなところに引き籠って、深く深く霊人との同調ができるような際に、しばしばアストラルないし霊体旅行とよばれているような経験をすることがあります。それは、たとえばこんなふうにして起こります。治療者の霊的な心が上昇し、結核を病むオックスフォード在中のブラウ氏の治療に心を向けてゆきますと、心の中に患者の寝ている部屋の状態が詳細に浮かんで参ります。この画像は自然状態や記憶の画像よりも正確で生き生きとしており、またなかなか消えてゆきません。治療者はあたかも患者と同じ部屋の中にいるように感じます。この画像は数秒しか続きませんが、とてもはっきりと意識の中に植えつけられるので、その後いつでもはっきりと思い出すことができるのです。この心像の正確さを詳細に検討しようとしたところ、全くの確証がえられたのでした。

患者が、治療家が部屋に現われるのを見たという経験の記録もたくさんあります。その場合、患者が治療家の写真をみたり、実際に会って確かめるのは、こうして治療家の姿を見た後になります。

幼い男の子が病気になり、父親が遠隔治療の申し込みをしてきました。すっかりよくなって、父親がたまたま治療中の私のところへ息子を連れて来たことがありました。そのとき、少年は興奮して叫んで言いました。「ねえ、見て、お父さん。ぼくが病気のとき見たのはこの人だよ！」

霊体旅行の現象が起こるとき、治療家は瞬間的に患者と一緒にいると感じます。距離の感覚は全くありません。まさしくそこにいるという感じなのです。その説明は簡単です。そのとき同調している患者のもとへ行ったのは治療家の霊的な心なのです。

それ故、このことは治療家の〈霊我〉に起こったことですから、治療霊が彼の活躍する霊界にいるままで、治療を求められたときに何なく患者のもとを訪れることができるということは明らかです。

霊的治療家はしばしば、「治療が行なわれているときの気分はどうですか？」とか、「治癒が起こったと知ったときの気分はどうか？」などと聞かれます。

治療家の気分の根底を理解するためには、その使命遂行の動機となるものを考えなくてはなりません。治療力は個人に恵まれる才能で、それは他者に対して共感的で愛念を放ち、しかもその愛を他者に対してや自分の生き方の上に表現しようとする性情を持った人にのみ与えられるものなのです。彼らは与えることに対して寛大で、たとえそのことが個人的犠牲を伴うとしても、神や人類の名のもとに奉仕する態度を持っています。ある人々にとっては、この能力は眠っておりますが、霊界と同調する力を開発するに従って目覚めさせることもできるのです。

吝嗇《りんしょく》で利己的で傲慢な、何かの利益が引き出せなければ自分自身を与えようとしない、そんな治療家というものがあるはずがありません。

治療の能力というものは霊的本性から生じてくる霊的な性質をもつものなのです。しかしこのことは治療家が教会人であるという必要性を意味しません。なんとなれば、霊性というものは自然的な愛や善や寛容の表現であるからです。私は以前、この世で天使に会いたいと思ったら、司祭のいる寺院やメイフェアのような高級住宅街にゆくべきではなく、普通の人々の家に行くべきだと言ったことがあります。そこではしばしば逆境にあって援助を必要とする隣人への捨身の奉仕が行なわれているのです。私は、働き疲れてわが子のためには何もしてやらない母親が、病気の隣人のところへはいつでも食べ物を持って行ってやり、たとえ敷居を拭く程度のことだとしても、その病人の家の掃除を手伝ってやるといった例を思い浮かべます。

治療家は病人に対し深い愛と同情心を持ちますので、痛みや苦悩を取り除いてやりたいと熱望します。治癒が実際に起こったという実感は彼の気持ちを満足させ、またことばには言い表わせない、少なくとも私には表現できない幸福感に耽らせるのです。

筆者はこれまでに人生の悲しみも辛さも知り、通常の喜びもまた幾つも味わってきました。しかし、関節炎で固定して動かなくなってしまった関節が動いたときに治療家の味わう気持ちや、死にそうだった人が力を回復してよくなるだろうと直観的に分かるときの気分に勝る喜びはありません。

治療の能力は他の人間経験とは全く違った気分を生み出すものです。治療家は、内的な力である「何か」と、自分自身が単なる人間ではなく、人間以外のプラス「何か」を持った存在だと気づかせるような、霊との交わりを持った者であることを知っています。そのプラス何かというのは、ヴェールの向こうに存在するよき人々との、眼には見えないが積極的な交友による結びつきのことです。

私の経験からお話しましょう。ある人を治療するために坐っていて、何も手ごたえがないという場合がたまにはあります。生き生きした活力が失われてゆき、患者と私はばらばらで一つに溶け合わないのです。その男はまるで私と何の親和性もない赤の他人のように思えます。彼の苦痛と硬直を取り除いてやろうとするのですが、まるで死んだものを動かそうとしているかのようです。ほんとに稀《まれ》なことですが、とうとう私は暫く治療するのをやめてしまいます。そして静かに坐ったまま波調の合うのを待ちます。すると快い何かに取り囲まれているという確かな感じが訪れ、私はひとりではないという確信が私の自我全体の中に生じてくるのです。

人間本性のうちには幾つかの異なった特性があります。ほとんどの人は、会った瞬間に反発を感じて避けたくなるという人物に出会ったことがあるでしょう。治療とは何の関係もないことで、私にもそうした思い出があります。私が文具商を営んでいた頃のことですが、一人の男が何かを買いに入ってきました。私は、彼を見ると同時に猛烈な敵愾心《てきがいしん》を感ずるのをどうすることもできませんでした。彼の存在そのものが私を反発させるのです。私は今まで一度もその男に会ったことはありません。私は彼もまた私と同じような感じを抱いたということを知りました。心の中でこの男は邪悪だと感じました。暫くして彼は私の店に戻って来て、何も買わずに、お互いになぜ同じような感じを抱いたのだろうかと私に尋ねました。奇妙なことに、そうやって話している間に嫌な感じはなくなりました。彼も同じなのでした。この変化の理由や、どうしてそうなったのかを論じたとすれば、なかなかカタがつかなかったことでしょう。心理学者にとっては面白い問題だったかもしれません。単純に答えれば次のようになります。私たちの一方かまたは双方にある霊的な変化が生じて、激しい憎悪の気持ちが解消したのだと。

　四半世紀もの間治療を続けてきて、このような嫌悪感を抱いたことはたった二回のみでした。最初のときは二〇年以上も前のことですが、今でもはっきりとそのときのことを思い出します。一人の女性が聞こえなくなった耳を治してもらえるかと私の家を訪ねてやって来ました。まだ赤ん坊だった頃、母親が耳の中に煮えたった油を注ぎこんでしまって以来、耳が不自由になってしまったのだと彼女は言いました。私は彼女の前に坐ったときから何ともいえない嫌悪感を感じたのです。私には彼女を助けることなどできそうもないと感じましたが、とにかく努力して両耳に手を当て、治療をしようとしました。——しかし何の反応もありません。同じ日の晩の一〇時頃になって、家の扉をどんどん叩く音がいたします。開けてみますと、例の女性が興奮状態で立っておりました。彼女はただ、「聞こえるんです！」「聞こえるんです！」と言うだけでした。この話には滑稽な続きがあります。三日ほど経ってから、彼女が会いに来てこう言いました。彼女はクリーニング店で働いていたのですが、そこで働く女の子たちが、普段あんなにも罰当たりなことを話し合っているとは思ってもみなかったというのです。

もう一つの嫌悪感の例もまたよい治療結果をもった例です。このことは、霊的治療が私たちの時々感ずるような卑小な感情に打ち克つということを示しています。

私は治療者と患者の間の調和と一体化が何よりも大事だと信じています。この方法によって治療者と患者の〈霊我〉との間の親和力がえられて、それが相互理解と信頼と共感、そしてその結果としての治癒をもたらすのだと思います。

もし治療家が治療することへの善なる心と熱意を内に感じないとしたなら、また、もし彼らが治癒の起こることを日々の生活の最重要事として求めないとしたならば、とても彼らはこんなことで貴重な時間を費そうとはしないでしょう。治療しようという熱意を持たない人が、きつい勤めを終えたあと、病気の雰囲気の中にわざわざ入りこんで、何のかかわりもない憔悴しきった苦痛にあえぐ病人と会って治療することに自分の自由時間を使ったりすることがありうるでしょうか？　これこそ、真に霊的な特質なのだという以外に説明のしようのない「治療感覚《フィーリング》」といったものがないとすれば考えられないことです。

「治療感覚」とはそれゆえ、道楽、劇場通い、ピクニックないし陽の当たる浜辺での海水浴などといった、気分転換的楽しみにおける正常な人間感情とは異なった次元のものなのです。それは大事な人に対する愛情とも違っています。これらのものは、素晴しく楽しくまた肉体的な自我をも満足させるものなのです。しかし治療家だったら誰でも次のように言うことでしょう。今あげたような楽しみは、患者が苦痛から解放されて病気がよくなってゆくのを見るという高尚な楽しみに比べれば、そしてそれよりもさらに自分が病気を治す手段であるという心浮き立つ予期と実感に比べれば、何ほどのものでもないですよ、と。

第五章　治療能力の開発

既に言われたことですが、治療家は自分の力で治療するのではなく、また用いる技法や儀式のお蔭で治療できるわけでもない、ということはこの際繰り返して言っておく価値のあることです。

ですから治療能力を開発するしないは、治療家と治療霊との間に親和力と同調がうまくでき上るかどうかにかかわっているのです。

多くの治療家たちがその才能の萌芽を、熟練した霊能者の指導のもとで行なわれる家庭やスピリチュアリスト教会での交霊会において獲得しています。こうした能力開発の目的は、出席者をトランス状態に導いて、治療霊にその身体と心を使用させることにあるのです。このことは出席者が治療霊の個性を知り、トランス中に起こることが自分の意識的努力の結果ではないということに確信と信頼を持てるようになるという意味においては、非常に有意義であるといえます。

ごく普通の男女が、自分には治療能力があると言われたり、またそのことに気づいたとしたら、それは素晴しいことであると思われます。しかしそれだけではその人はまだ、自信もなく、意識過剰気味で、それ以上の何かを望める状態ではありません。ですからそうした人々が指導霊の存在を如実に知り、身近に感ずることができさえすれば、それは治療に対する個人的責任の感じを取り除くことができ――つまり、そのことが彼らに勇気を与えるという結果になるのです。

著者もまた自分の使命である治療の仕事をこのようにして始めました。トランス状態がなくなったのは、暫くたって治療霊はトランスに入っていなくても充分働けるものなのだとの知識を持ってからのことでした。私は他の人がやっている伝統的なやり方はすべて自分でも試みてみました。私はこれらのやり方を常識の光のもとで判断し、精神科学を学んだあとは、一つ一つ捨ててゆきました。この本の最初に申しましたように、治療者に関する限り、治療の技法なるものは単純な事柄だということを私は学んだのです。

多くの場合治療家たちは、患者と接して、患部に手を当てて、その結果病気の苦しみや症状が消え去ったとき、そのときの感覚がどんなに印象深かったかを話してくれます。自分のしたことに感動するあまり、彼らは自分自身に向かってなぜこんなことができるのかを問いただそうとします。しかし彼らはただそのことを知ったというだけで、学んだということはほとんど何もなかったのです。私たち人間は治療の単純性を受け入れることができず、何かもっと他のことを自分でしようとする傾向があります。

すべての霊的治療は霊からやってくる知的な行為です。それゆえ、治療を有効にするいかなるテクニックもありえません。治療力は私たちを通して働きますが、私たちのものではないのです。初歩の人は最初の段階で治療霊の独立した個性を気にかける必要はありません。それはいずれ分かります。静かな何ものにも邪魔されない部屋に引き籠って三〇分ほど過ごせばよいのです。時間はだんだんに長くしていってもよいでしょう。最初の頃は、週に二、三回試みることで充分です。

治療者は自分を快適な状態におくべきです。ウィンザー調の椅子でしたらこの目的にはぴったりです。彼はその手を椅子の肘掛において身体を完全にくつろがせます。

光は弱めの方がよいでしょう。光を近づけることは視神経を刺戟して意識を乱します。こうした理由から青っぽい光が用いられることもあります。もし治療家の好みでもないのなら、能力を引き出すという目的で赤い光を用いたりすることは何の意味もありません。

「精神集中《コンセントレーション》」という語は普通心霊能力とその開発という意味あいで用いられています。しかしこれは全く誤った意味で用いられていることばです。必要なのは精神集中ではなく心の放念《メンタル・アバンダンメント》なのです。と言っても、心を全く無《ブランク》にすることではありません。そんなことは不可能だからです。

到達すべき理想の状態とは、霊との接触を求めるという方向性を持ったある段階の穏やかな瞑想状態なのです。〈肉体的な心〉がこの状態に道を譲りますと、〈霊的な心〉が上昇してきて、治療霊が想念に影響を与えることができるようになります。その時、心は病気を治したいという想い、つまり痛みをとり病気の原因を取り除くという想いにとどまるべきです。霊的な観念を瞑想するわけです。心をこれらの観念に遊ばせ、想念がこれらのものにとどまることによって、霊的な心から直観的に助けられるのだということを知っておいて下さい。

瞑想はあまり長く続けられるべきではありません。心が緊張してしまうからです。変化をつけるために、心を美しいものの観念に向けて下さい。たとえば美しい庭園の中に心を遊ばせるのです。穏やかな川の面にあなたの想像力を漂わせます。聖典などの中に描かれた理想の世界に想いを委ねます。これは一つの示唆にすぎません。要するに日常生活のつまらぬ出来事から心を解放し、霊的な心が優位に立てるようにする方法を挙げてみたまでです。

それによって自我の中に自分以外の存在が入りこんでくるということはまずありません。これは入神状態《トランス》を目ざして坐ることではないからです。そうすることは賢明ではありません。ですから独りで坐ったりするべきではなく、よく指導された能力開発のためのサークルの中で行なうべきです。目的は瞑想にあります。心を霊と同調させるのが目的で、霊人を憑依させるために坐るのとは全く違うのです。

いずれの場合でも最初の想念は人類の父なる神に向けられた祈りでなければなりま

せん。決まりきった祈りは機械的な暗誦になってしまいますので効果がありません。あたかも神に語りかけるような、自然のやり方による単純な想念が最もよいのです。高い調子のことばや不自然な文句は避けたいものです。それらの想いの中にあなたが善なるもの、完全なるものを求めて、神に仕えたいという気持ちや、心であれ身体であれ不調和なものの邪悪なものを取り除きたいのだという気持を表現することです。瞑想し、良き影響力があなたと共にあるという信頼感を持つ一方で、霊界における神の使いがあなたを指導し保護してくれるように祈りなさい。

心にどのような種類の恐れも抱いてはいけません。もし恐れがあるときは瞑想を打ち切りなさい。

私や同僚の治療者たちは決して特定の治療霊に同調を求めません。私たちは彼らが皆揃って働くことができることを知っていますから、霊界に対して波調を合わせようとするのです。その理由は、もし私たちが一人の特定の霊人のみと同調しようとするならば、どのような治療が行なわれるにせよ、その一人の治療霊の智慧のみに限定されてしまうからです。もし霊界に同調するということであれば、その問題を扱うのに最もよい霊がそれを聞きいれようとするでしょう。

暫く瞑想をしたあとに、病気の家族なり友人なりに思いを寄せなさい。おそらく病気の性質が分かるでしょう。そうしたあと、暫くの間患者のことを心に描き、その人の性格や病気の種類に想いをとどめなさい。傍で聞いている誰かにあなたの考えを話すかのようにしてそのことを行なうのです。単純かつ自然にそれをしなさい。治療する霊に強く哀願することによって雰囲気を強めたりしてはいけません。そうすると心を緊張させることになり、混乱が起こり、同調は終わってしまいます。あまり長く同じ状態を続けてもいけません。なぜならそれは結局、あなた自身の想念で心を充たす結果になり、やはり同調を終わらせてしまうからです。単純に治療霊が受け取れるように画像を外へ投射しようとすればよいのです。このことはあなたの〈霊的な心〉で為されたのですから、それは治療霊なり、霊界であなたに協力しようと思っている霊なりによって受け取られます。訴えを聞き入れる霊が、患者の苦痛を取り、硬直を和らげ、ストレスを解放したりすることによって、健康と快適さが病人に戻るようにと静かに祈念しつづけるのです。

最初にあまりやりすぎたり、長びかせたりしてはいけません。病人への祈りのあとでは心をゆったりとさせて下さい。好きな聖歌を口ずさんだりしてから、心を正常ないつもの活動へと戻して下さい。神への感謝の祈りも忘れずに。

誰もが白昼夢として知っている心の状態があります。想念が彷徨《さまよ》い、他のことを一切忘れてしまうあの状態です。これが瞑想の間に到達する心の状態についての一つの目印となります。

瞑想の坐行《シッティング》がどのくらい続くべきだというきまりはありません。最初は数分でも長く感じます。回数が重なるにつれて、そうやって過ごす時が楽しくなり、時間が速く経過するようになります。

坐るための時間をあまりきちんと決めてしまわない方がよいでしょう。一日の仕事が無理なく終わったあとで行なう方がよいのです。急いではいけません。むしろこれを行なうことを楽しみにして下さい。霊人たちとの交信のために坐りたいと思ったときが一番相応《ふさわ》しいときなのです。

瞑想の前に断食その他のような苦行を自分に課さないで下さい。身体は快適にしておいて、ゆったりとした自然なやり方でリラックスするようにすべきです。

人生の道にとり入れられてよい大事な考え方があります。それは真実の価値基準によって生きようとすることです。誰も傷つけようとはせず、常に奉仕だけを考えて下さい。すべての事柄に忍耐強く寛大であって下さい。怒ったり邪念を持ったりして、厭うべき復讐の念を抱いたりしてはいけません。

隣人や友人に優しくし、そして特に病んで孤独な人、慰めのことばや用事を代わってやることの必要な人を助けてあげて下さい。一日のうちで苦しむ人に出会ったら、あなたの心にとどめておいて、あとで静かになったとき、その人のための治療を霊界に頼んであげて下さい。

これらのことが遠隔治療の基本になっている原則なのです。治療結果を約束することはできませんが、あなたの祈念の最初の日からでも、他の手段で期待されたよりもはるかに速く患者がよくなるということもありうるのです。

ある種の人々は他の人々よりも早く霊人との交信ができます。能力開発に必要な時間というものは決まっていません。どんな人でも自分に適した法則を持っており、事実また、能力開発に終わりはないのです。しかしながら瞑想の実修が続けられ、経験が重なり、同調の行為が容易になると、遂にはそれが「第二の天性」とまでなり、あたかも友人と普通の会話をするときのように楽に霊人と同調することができるようになります。さらに初心者の場合には、この実修が自分自身の霊的な進歩にも役立ちます。

次の段階では特殊な呼吸を試みて宇宙力をとり入れる訓練です。初心者は前に述べたようにして坐ります。そして内なる平和がえられたときに自分の呼吸に注意を向けます。

「宇宙治療」のところで述べましたように、私たちは健康上有益な宇宙間の諸力に囲まれています。私たちはそれを直接呼吸できます。これを続けることによって宇宙エネルギーの存在に信頼をおくようになるものです。

瞑想の実修者《シッター》*5は鼻腔を通して空気を静かにゆっくりと吸入して肺を充たします。吸入するに従って彼は、内的力と、身体を活気づける力が自分の方に引き寄せられるのを感じます。息を吐くときには、疲労を吐き出しつつあると想念することです。

正常で健康なときの身体は、バランスのよい健康を保つために必要な宇宙の諸力をすべて混ぜ合わせて吸収していますが、この吸気を工夫することによって、意図的に自分を元気づけたり、内的な力を貯蔵したりすることができるのです。

この訓練は何も同調のために坐っているときに限られることはありません。それは一日のうちのいつでも行なえばよいのです。日の出前や日の出のとき、仕事や買物に出かけるとき、そして寝る前にもまたというふうに。これを行なっているときには、心の中にあたかも「世界の頂上に立って」いるかのような元気が満ち充ちてくる感じを味わいます。

こうしていよいよ直接治療を施すことができる段階になるわけです。患者の痛みが除去され、奇形な部分が修正されたり、腫瘍がなくなったりするのを目のあたりに見るほどの喜びはありません。

また個人的な感想を言えば、よい治療結果が得られて、数年経ってもその効果が減少しなかったと知るほど嬉しいことはありません。たとえば私は、関節炎による固着の結果、肩の関節が動かなくなって、髪を梳《と》かすために手を上げることさえできなくなった人を治療したことがあります。一方の手でその関節を抑えて、もう一方の手で患者の腕をとってゆっくりと動かそうとしますと、最初は抵抗があり、ほんの少ししか動かすことができません。が次第に動きの幅が大きくなって、腕を自由に振りまわせるまでになります。直観的に、関節がすっかり自由になったのだとわかりますが、そうこうしているうちに、時々腕が垂直に持ち上がります。これは治療者にとっては何ともいえない幸福な気分を味わえるときです。また別の場合には、私の直観的な印象に従って、患者の腕を静かにあげ、筋肉と腱が新しい動きに服従するようにと努めます。ひとたびそれがうまくゆくと、関節は完全に緩み、患者はあらゆる方向に腕を振ることができます。

関節炎などの場合のように、大変痛みを伴う症例に対して治療すると、大抵の場合に痛みがとれるということは注目すべきことです。治療中に痛みを訴えることもありますが、そのときは少し脚を動かしすぎているときで、私は暫くの間治療が進んでゆくのを待つことにしています。もっと症状の激しい症例を治療した場合でも痛みがほとんどなくなるのは、治療霊が彼らには知られている方法で、痛みなしに障害を除き去ったという証拠になります。医師が関節固着のある患者の関節を思いきって動かそうとするときは、まず麻酔を打ってからいたします。しかし霊的治療にはそもそも痛みが伴わないのです。

治療能力を証明する唯一の道はテストをしてみることです。治癒が起こるのを見ることによって信頼感が湧いてきます。初心者は自分の努力の結果に対して意識過剰になる傾向があります。しかし難関突破の時がやってきて、無用なためらいの心は克服されるでしょう。治療者は自分自身を信頼して様々な状況に精通すべきです。限定的な思考や劣等感は捨てられるべきです。

多くの治療家たちは患者の後ろに立って治療をしますが、これは別段理由のあることではありません。治療家は同調をうるためにリラックスする必要があるので、患者の前に坐った方が遥かによいのです。


治療家はまず自分の心を調えて同調のための準備をします。彼は先だつ瞑想行において訓練した霊的自我の上昇に身を委ねて、周囲のこともをすべて忘れ去ります。それがうまくいったとき患者に融けこんで一つになるのです。患者の手をとって一体になったという感覚を持つことがよい方法です。

最初少しの間患者をリラックスさせるために自由に話をします。患者に対して悪いところや病気の経過について質問します。このことによって治療者が治療霊に送る画像が得られるのです。患者もまた自分の状態を話しつつ治療家の共感を獲得してゆきます。話をすることによって治療者は聞くということの重要性を知り、同時に共感力を通じて自分の霊我と患者の霊我との間の一体化を強化します。この間、治療者は眼を閉じている方がよいでしょう。

患者を肉体的にも精神的にもリラックスさせるために身体の力を抜かせ、心をゆったりとした気分にさせることが大事です。このことは、治療者が和いだ静かな声で話しかけ、優しく患者の額や頭部や必要とあらば身体に手をやり、平安な心の状態が患者にやってくるように想念を送りつづけることで促進されるでしょう。

手足を治療するときは、それを曲げてみて筋肉の緊張から解放し緩めてやります。「ひきつり」や緊張があるようなら治療しないで、患者がリラックスするまで待ちます。

治療者と患者の一体化が進むにつれて、治療霊との同調もまたえられるのです。治療者は一方の手を悪い箇所におき、もう一方の手も適当に患者との接触を保つようにします。たちまちにして治療者の自我、その手、心、意識がいわば患者の心の中に融けこみ、治療者の力が患者に注ぎこまれ、効果をあらわします。これが大事なときです。治療者の全関心はこの目的に向けられ、治療がうまくいくということのほかは考えません。我を忘れ、彼の手は「生命そのもの」となり、心の延長となり、その中に全霊全我を没入させます。このことはゆったりと自然に行なわれます。こうしている間、手は患部におき、必要に応じて力をこめます。

手はあたかも悪いものを散らし、痛みを和らげるかのように動きます。これはしようとすることの自然の表現であり、また心の方向の延長にあるといえます。手の動きはどうであれ、方向性を持った想念がそれに伴います。たとえば問題が腫瘍であるとき、指はそれを溶かし散らす力を持っていると考えられるべきです。ことが行なわれる間ほかのことは問題になりません。ただ患者との密接な共感を保ち、そうしている間中崇高な目的がそこにあるということのみなのです。

治療には長い時間をかける必要はありません。治療は強制されるものではなく、その時よりもあとになってもっと好転がみられるものです。がんこで慢性の症状の場合には回を重ねての治療が必要です。望ましい効果がえられないときは、治療者は治療を続けるのをやめるべきでしょう。

治療を始めますと、治療者はやがて一方の手が他方の手より有効なのに気づきます。それを「パワーハンド」と呼び、悪い箇所をおさえるのはこの手の方です。もう少し詳しく言えば、治療者は自分の腕なり手を通して力が流れ出すのを感ずるものなのです。「振動《バイブレーション》」はそのことを通して、ないし熱い冷たいの感覚を通じて分かるようになります。

バイブレーションは一つの効果であって、治療そのものではありません。掌に帯びる熱さや冷たさは臨床的に検出される種類のものではなく、それの感じられることが初心者には、安堵と自分がまさしく治療の通路となっているのだという確信を与えるものなのです。

他の事柄においてもそうですが、大事なのは経験です。人間を道具として用いる治療霊の側の経験と、用いられる治療者側のいかにして患者と一体になるかという経験です。もしあるときうまくゆかなかったとしても、自分や患者や治療霊を非難してはいけません。それまでのところ最大限のことがなされたのだということに満足して次回に一層の援助がくだるように求むるべきです。

原因が取り除かれなければ治癒はおこりません。この目的のためにはほんの僅かの時間があればよいのです。

とくに最初の原因が心や内的我の不調和にある場合はそうです。小児麻痺のように筋肉の衰弱があるような場合には弱った組織を再建する必要があります。

治療家は心を治療霊によって直観的に与えられる印象のままに委ねるべきです。しばしば彼は、治療霊によってもたらされる漸進的効果を更に効率よくあらしめるにはどうしたらよいか、という霊からの助言を受け取って患者に伝えます。

第六章　霊的治療と教会

キリスト教教会が失われた治療能力をとり戻そうとしているというのがほんとうならば、必要なのはその希望を実現するための治療聖職者たちの献身のみです。

スピリチュアリストやクリスチャン・サイエンスの信仰者にとっては、霊的治療がその仕事の重要部分を占めるものであることを思い起こしてみるべきでしょう。それゆえかれらは潜在的治療力を持っているかもしれない人々の治癒能力の開発に着手したのです。その成功は数千を数えるスピリチュアリストの治療者と、クリスチャン・サイエンスの実践者たちによって証拠立てられました。クリスチャン・サイエンス運動の力が治癒した人々の証言に基づいていると言われるのは正しいことでしょう。

スピリチュアリズムに関して言えば、それのたえず成長しつづける状態の裏づけとして霊能者による死後存続の証明や霊的治療、およびその他の霊媒を通しての霊との交信があるのです。

プロテスタントやローマ・カトリックでは、なぜ聖職者たちの治療能力の開発を推進しようとしないのでしょうか。もしローマ法皇が一生の間に三人の人をその超常的治療能力で癒したとしたら、その法皇は死んでから聖者の列に加えられる資格を持つとされています。

毎年、数千の巡礼者、佝僂や不具などあらゆる種類の病気に悩む人がルルドに旅します。その人々は信仰の一念に充たされて行き、そして癒されます。かれらは枢機卿をはじめとする数えきれぬほどたくさんの聖職者からお祈りを受けます。毎日のように行進や教会のサーヴィスが行なわれます。もし信仰だけが病気を治すものならば、霊的治療にとってこんなにも恵まれた環境はないでしょう。

ルルドにおける治癒例はすべて教会と医師の合同からなる然るべき委員会によって綿密に調査されています。一九五八年には、巡礼始まって以来一〇〇年の祝賀祭が行なわれました。しかし一〇〇年間に五四の治癒例がこの委員会によって確証されただけなのです。数十万、いや数百万にのぼるルルドへの病者の巡礼を考えてみるとき、この結果は情けないほどみじめなものです。経験あるスピリチュアリストの治療者なら誰でも、それ以上の数の病人を治癒させているのです。私の著書『霊的治療の証拠』では、四年間に起こった超常的治癒の一万以上もの例をあげています。実際のところ、これらの例は公平な調査機関の検討に委ねられたものではありません。しかし私は喜んでそれを受け入れるつもりがあります。しかし後にも述べるように、医師たちはこれを行ないたがらないのです。次のような質問が試みられるべきでしょう。いったいなぜ、スピリチュアリストの治療家たちが、キリスト教会の最大派閥たるローマ・カトリックのような熱烈に組織された力によって行なわれる治療よりも遥かに成功を収めるのでしょうか、と。

この質問にはさらにもう一つ付け加えられなければなりません。英国国教会と他のキリスト教宗派は皆、礼拝の中に病者のための祈りを組み入れています。牧師たちは数えきれぬほどたびたび病人の家を訪問し、回復のための祈りを捧げています。幾つかの疑問を差し挟む余地のない治癒が起こるのですが、その割合は全体の数との比較では極めて低いのです。大司祭、司祭、ローマ法皇、枢機卿などは自らを神の代理人だと言い、神に謁見する力を持つと主張しています。この特権は聖職授階式のときにすべての牧師に与えられるのです。ではなぜ教会は治療の力を失ったと言い、それを回復するための方法を見出す目的の調査委員会などを設けているのでしょうか。

その答えはまさしくこうです。かれらはやり方を間違えており、スピリチュアリストやクリスチャン・サイエンスの人はもっと効果的にそれを行なっているということなのです。

教会の態度はこうです。治療には私たちに治療霊として知られているような中継者は必要なく、治療は神のもとから直接の天の配剤として病人のところへやってくる。そしてこれらの神の行為は、祈りと信仰に対する神の答えなのである、と。

霊的治療の行なわれる方法は、どれも同じ経過をたどって効果をあげるのだと仮定することが合理的でしょう。ローマ・カトリックやアングリカン・チャーチやクリスチャン・サイエンチストやスピリチュアリストなどのためにそれぞれ異なった治療法則があるなどということは考えられないことです。そして、スピリチュアリストの考え方にもとづく治療に高い成功の確率が見られるということは、それが治癒の起こる正しい手段にもっとも近づいていることを意味するものです。

それゆえ、教会の牧師による祈りの後に治癒が起こるときは、知らぬ間に救助の願いが霊界に聞き入れられ、治療霊による奉仕活動が実行に移されたことを意味するものです。もしそうならばそれは教会が、霊的治療を行なう人々は神の意図を実行しようとする神の御使《みつか》いたちなのだという原則を受け入れるとき、遥かに高い成功の確率が生じ、教会は失われた治療の能力を回復できるだろうという考え方を支持するものです。

このことは宗教の伝道者についてのみならず、医師についてもいえることです。多くの医師たちは、医学的知識に基づく予想のもとではありえない病気の回復が起こりうることを証言しています。このことは、医師がある患者に同情を持って、心のうちで患者の回復を祈るとき、無意識のうちに霊界と波調が合い、患者を助けようとして自分たちの流儀で働いている治療霊とのつながりができるのだということを暗に示しております。

教会の考え方は、「神にとっては、すべてが可能である」との前提にもとづいており、また神が望むならば、神は物理的、霊的法則をある特定の人への特別の好意のために変更することもあるのだということを仮定しています。しかしもし霊的治療が神の責任ということになれば、治らぬことも神の責任ということになります。しかしそれでは大慈大悲の神があまりにもしばしば、法皇や大司祭や枢機卿や司祭や一般の聖職者の祈りに耳をふさいで聞かないでいるということになってしまいます。神が、幼な子が苦悶の中に死んでゆくのを見守る両親の心からなる訴えを、無視するということになります。もし教会が正しいとするならば、神は私たちの祈りを聞き、神の子のひとりひとりに必要なことを知ってはいるが、病者の苦しみはそのままに、苦痛の中での生き死にはおかまいなし、と考えていることになってしまいます。

私にはそんなことが真実であるとは到底信じられません。神は私たちの病気に対して責任などないのです。また神が私たちに罰として病気を科するということもありえません。災害や病気は、創造を支配する完全法則への違背から生ずることなのです。それらは「原因と結果」の所産です。そして私たちは、神の全能の力が誰かひとりの人に特別区別して働くように神に頼む権利など持たないのです。

聖書には、神が仕事を遂行なさろうとすることを、神自らの手でおやりになるとは書かれておりません。反対に、それをなし遂げるための天使と代理者をお決めになったと書かれております。かくして、私たちは、治療霊は神の奉仕者であり、邪霊や病気を払いのけるための神聖な神の計画を遂行するのだと考えているのです。

既成のまたは非正統的宗教教団は、自らの神学や組織の維持に腐心するあまり、霊的治療を誤ってそれらの枠内に当てはめようとするようです。

霊的治療は、神が人種や信仰信条に関係なくその民に与えた贈りものなのです。神は治療の法則として、スピリチュアリストにはこれこれ、イングランド・チャーチにはこれこれ、ローマ・カトリックにはこれこれというふうに、別々に与えているわけではありません。霊的治療は決してある宗教、ある特定の人の特権ではないのです。

スピリチュアリズムやクリスチャン・サイエンスなどの治療宗教は、霊的治療を用いるという信念と才能を通じて、霊的価値や神の計画についての最も正しい理解を持っているように思えます。

もしキリスト教教会が霊交および顕幽両界の協力作業という真理を認めるならば、教会が治療聖職者を開発できないという理由は何もありません。

大司教は、こうした霊界との交信や協力作業は真実かどうかについての調査委員会を指命致しました。その結果、八対三の多数でかれらはそれの真実であることを認めたのです。『多数者報告《マジョリティー・リポート》』と名付けられるこの報告は、スピリチュアリストの信念を支持するという理由で抑圧され、公式には発表されませんでした。

病気を治したいという心からの願いを内に秘めている牧師さんはたくさんおられる

に違いありません。そうでなければその人たちは神の召命に応ずることはなかったでしょう。こうした中から多くの牧師さんが私たちの治療院へやって参ります。これらの人々の中には、組合教会派の牧師でゴッドアルミングに教会を持つ、アレックス・ホルムズ師がおります。彼は私たちの治療院での治療開発講習会に何度も出席し、指導を受け、また私たちと一諸に病気治療のために協力しました。こうして彼の治療能力は目ざましく進歩したのです。暫くして彼は自らの治療作業のためのより広い場を求めました。そして勇敢にも、マンチェスターのキャベンディッシュ教会の牧師となることを受け入れたのです。

この二〇〇〇人ほども収容できる教会は、その当時、信徒数が五〇人ほどの状態に落ちこんでしまっていたのでした。最初の公開治療会のときは、私や同僚たち数人が仕事をお手伝いいたしました。とてもすべての人を収容できないくらいの人々が集まりました。ホルムズ師は毎日個人治療をし、また月に一回の公開治療サーヴィスをいたします。何日も前から、四〇〇人もの治療申し込みがあり、当日には、数千人の人人が治療と礼拝のために教会を訪れたのです。その結果、この二年間ですべての負債を返債し、また教会を新しく修復するための基金もできたのでした。

治療の熱情に燃えたったホルムズ師は、他の治療聖職者の養成をいたしました。彼の努力によって、五〇以上もの非国教会派の教会が、信者獲得と布教活動を結びつけて霊的治療のサーヴィスをはじめました。ホルムズ師はその使命貫徹のためにカナダに赴き、その派の在る主要都市で霊的治療のサーヴィスに成功をおさめたほか、アメリカでも同様の成果をあげました。彼が行なったことは他の人にもできるのです。私は英国国教会が治療能力者を養成するならばいつでもお手伝いしましょうと申し出ていますが、これは未だに受け入れられていません。

様々ある教会の委員会報告の中には、一つとして聖職者の治療能力の開発をどうしたらよいのかについての方途を示したものはありませんでした。示唆が与えられてもそれらは儀礼や機械的礼拝に縛られてしまうのです。教会は治療を教会の信徒だけに限定しようといたします。それは、『教会タイムズ』紙の社説に掲げられた次の記事にあらわれております。「もし霊的治療が確固たる路線に据えられ、推進されたとしても、それは教会の聖なる生命《いのち》の中で行なわれなければならない」神癒に関する大司教委員会の報告は、病気治療のための努力が為される前に必要なこととして、あらゆる種類の条件をつけています。

治療をこのような様式の中に閉じこめようとする試みは、すべて失敗する運命にあるのです。

私は教会の正統的な治療に従事して、規則通りの儀礼を行ない、手を患者の頭の上において機械的な祈りを行なっているある人に向かって尋ねました。「あなたの信徒の肩の関節炎を治療するのに、なぜ、あなたは肩のところに手をおいて関節炎が治りますようにと祈らないのですか？」すると彼は答えて言いました。「そうすることは許されてないのです。でも礼拝の終わったあと、教会付属の部屋につれて行って、そこで本当の霊的治療をしているのです」

教会は公然と悪霊の存在を認めています。それならばどうして、聖職者たちがこの世でやっているような、神の意図を遂行する仕事をする善なる霊人の存在を認めようとはしないのでしょうか？　教会は聖者の霊交を信ずると言います。それならばなぜ、実際に聖者たちの援助を求めようとはしないのでしょうか。それこそスピリチュアリストが治療霊と呼ぶ聖なる霊人を通して行なおうとしていることなのです。

教会は霊的治療の大衆支持について無頓着でいるべきではありません。私は、数年にわたり、英国の主要都市の最も大きなホールで公開治療を行なってきました。それらは出席を希望するすべての人々を収容するためにはいずれも小さすぎたのでした。おそらくそれらの最大のものは、キングスホールやベルヴューやマンチェスターで行なわれたもので七〇〇〇人もの人が出席し、次の年もひきつづいて行なわれたのです。ロンドンではロイヤル・アルバートホールが二度、ロイヤル・フェスティヴァルホールが三度一杯になりました。広告も何もしないで、公開サーヴィスの日の数カ月も前から席がふさがってしまうのはいつものことで、とくに北イングランドではその傾向が強いのです。治療伝導はキプロス、ギリシャ、ポーランド、スイスなどでも行なわれました。そしてそれには最大のホールが当てられ、溢れるほどに一杯になったのです。

わが国では、霊的治療の公開サーヴィスが行なわれるならば、教会は一杯になるということが証拠だてられました。これは人々を教会の指導下に呼びもどす手段であり、教会が従事すべき人類の霊化という役割を効果的に果たすための手段なのです。

愚かな偏見が防壁となって、霊的治療が聖職者の教区の仕事となることを妨げております。こうした偏見がスピリチュアリズムということばに対しても存在します。もしかれらがこの本に書かれたことに沿って治療聖職者の開発を推進したなら、かれらが数十年に亘って軽蔑してきた考えを支持する結果になると思っているのです。ことばや信念が問題なのではありません。真実こそが重要なのです。

牧師がその生涯を教会への奉仕に費《つい》やし、かれらの祈りを必要とする人々を助けるならば、かれらは真に神の牧師（＝奉仕者）となるでしょう。かれらにこの世を去るときがきたときは、かれらの多くはごく自然に、霊界でかれらに与えられる手段によって神に奉仕し続けたいと思うことでしょう。そしてそのときかれらは自分たちがこの世に残してきた人々の心に善なる影響力を与えることができるのだと知ることでしょう。そうすることによってかれらはもっと気高い手段でもって神の牧師となるのです。そして邪悪で悪魔の手下であると見なされる亡者や死者の霊と呼ばれる不名誉を負わなくてもすむのです。

同じことが、生前心から自分の職業を愛し、あの世に行っても人を助け続けようとする医師について言えるのは当然のことです。まして、あの世の高い生活の中では肉体の病などというものはありえないのですから。

これこそ教会が知らなければならない真理なのです。いつまでも霊的治療の明らかな事実や、指導霊（たとえば霊界における神の牧師がまさしくそうですが）たちが神の計画を遂行すべく進んで果たそうとする役割に眼を閉じていることはできないのです。

教会が付託した種々の委員会からの報告はそれぞれ、教会における公開治療サーヴィスは望ましくないという意見を表明しています。このようなサーヴィスは感情的ヒステリー状態を巻き起こしがちであり、病人に偽りの信仰を与えることになるというのです。治療サーヴィスが情動的なのは事実ですが、そうあって悪いことは何もありません。説教壇に立つ人が情動をあらわして心から話すのでなかったら、またその集会に情動や感動を巻き起こすことができなかったら、結局その人は説教者としては失格なのです。このことはヒステリー状態とは違います。私が催した公開治療大会のどの場合でもヒステリーのいかなる兆候もみられませんでした。威厳をもってとり行なわれる教会の治療サーヴィスがヒステリックになると想像する理由は全くないのです。アメリカでは、あるタイプの福音主義派の治療家は、会衆をヒステリックな発作に誘導するための緊張した雰囲気をつくり出そうとして、意図的に話したりすることがあります。しかし英国ではそのようなことはありません。結局、キリストは彼の治療を公の場所で大衆を前に行なったのです。今日人々が治療を受けに教会に赴いたり、あるいはまたそこに集まる人々に愛や治療を施すために教会へ赴くことについて、よくないというような理由は何もないのです。

あらゆる報告が、霊的治療は身体の福祉にのみかかわるが、教会はそれ以上の全人、つまり、魂と身体の双方にかかわるものであるという優越した態度をとりました。しかし、いかなる治癒も原因が取り除かれなくては起こらないものです。私たちは、ほとんどの病気のもとが、心の形態や魂の歪みから生ずるのであり、治療は魂の治療を包含するものでなければならないことを、明らかに知っております。私たちはしばしば霊的治療によって人々の性格が改善されたということを耳にいたします。サディスティックだったり残酷であったりした夫が優しく穏やかになったということや、アルコール依存症患者が飲まなくなったというように。このことは明らかに魂の治療が行なわれたということを意味しています。

教会は身体よりも魂の治療に関心を持っているという考え方から、それをさらに押し進めて、報告書は、患者に対し治療を受ける前に一定期間の宗教的教導を与えて準備させることの必要を唱えております。英国国教会はこの点においてとくに態度がはっきりしています。このことは治療を受ける条件として、人はまず神に心を向け、罪の告白をし、神との聖なる交わりに入ること、また聖職者は病人が真に悔悟の心を持ったと確信するまで治療を施してはならないということを意味しています。

このことは非常に悪い態度です。まず病人を治しそれから説教すべきなのです。苦痛にあえぐ男女に向かい、その苦痛を取り除くための予備行為として、敬神についての講義に出席させられるとは実に残酷なことです。病者は霊的治療を通じて自分の病が癒されるのを見てこそ、説教に敬意を払うようになるのです。彼は痛みや障害が取り去られるのを知って、そこに神の意図の現われを発見するものなのです。そのうえ、もしかしたら患者は説教中に死んでしまうのではないのでしょうか。

教会は、治療を二つに分けて考えようとして誤りを犯しています。すべての治療が神的なものなのです。これを魂の治療と身体の治療にわけることは失敗に導くもとであります。

報告書が示す他の間違いは、治療が教会員にのみ与えられるようにすべきだという考え方です。聖職者は部外者の治療を拒否して当然だというのです。教会の指導者にはぜひともよきサマリア人の逸話を思い出して頂かなくてはなりません。キリストはハンセン氏病患者や佝僂《くる》病患者の治療をする前に問答を試みたり教えたりしませんでした。神の牧師たちはこんな具合に治療を制限づけるべきではありません。

私たちの治療院にはあらゆる宗教の信者や無信仰者が訪れて治癒されています。ヒンズー教徒は自分たちのカーストの印を額につけて参ります。私たちは回教徒やユダヤ教徒や不可知論者を治療してきました。すべての人は神の子であり、治療力は誰に対してでも力を発揮します。

教会が古い神学を近代化し、その付託した委員会が見出した真実――

すなわち、生命は死後も続き、霊との交信は現実であり、霊的治療はこの科学時代に人が霊的存在であることを顕示する神の計画であるということを受け入れるならば、教会はその影響力を回復するでしょう。

かくしてこそ教会は人類に対して、今日の人間社会を押し流している卑しむべき傾向を排除する新しい価値基準を受け入れる道を指し示すことができるのです。

第七章　霊的治療と医学

医業に携《たずさわ》る人たちが、医師免許も持たない人々が病人を治せるということを認めたがらないのは分からないことではありません。しかし個々の医師の中には、霊的治療の持つ効果を認める人が増えているということは喜ばしいことです。

去年、私は医師から一〇〇〇通以上もの治療依頼の手紙を受け取りました。それらの依頼は医師自身やその家族または患者に対するものです。その医師たちのうちの多くが、自分自身の治療のため、あるいは患者を伴って、私たちの治療院を訪れました。このことはすべて秘密裡になされました。なぜなら、総合医療評議会（GMC）がこのことを知ると、懲戒処分によって医師免許を取り上げられ、生活手段を奪われるということになりかねません。

他のよき兆候としては、患者を私たちのところへ送る病院の医師や、患者を治療させるために私たちを病院に呼ぶ医師たちが増えてきたことです。しかし公式にはこうした共同作業は禁じられています。（その後、事態は「著者まえがき」「解説」にみられるように改善されている。――訳者）また英国医師会が他の有力機関から霊的治療についての意見表明を求められたとき、霊的治療を通して「医学的に説明のできない治癒が確かに起こる」と認めたことは注目に値します。

かつて、私は英国医師会や著名な医学者に対し、超常的治療についての調査やコメントを要求しましたが、そのたびに拒絶されるか、さもなければ「誤診」「軽快」「自然治癒」「あまりにも時間がかかりすぎている」などという答えや、また逆に「五年後にこの患者を見せよ」とか「X線の写真板に貼る名札を間違えたのだ」等々の反論を受けました。

次の例は二人の専門医によって咽頭部における悪性癌と診断された男の人の症例です。生検のため咽頭細胞の一片が切り取られた結果、癌であることが確認されました。手術が絶対に必要であるということで、それは二週間後と決まりました。生検法で癌と診断された同じ日に、遠隔治療の依頼があったのです。二週間が過ぎる前に咽頭の腫れはひいて、咽喉のしわがれ声もなくなり、その人はどこから見ても健康になったように思われました。私たちの助言に従って、彼は再度生検を受けました。同じ二人の専門医によって検査がなされた結果、癌状態はもはや存在しないと言われました。この事例は霊的治療を調査している一医師にその判断を仰ぐこととなりました。その医師は例の専門医に霊的治療について説明し、かれらがそれによる治癒を認めるかどうか、何か他の説明が可能かどうかを問い合せました。

専門医の答えは次のようなものでした。「生検のために切り取った組織の一小片がたまたま幸運にも患者の癌細胞のすべてだった」この説明を載せた記事は「英国医事ジャーナル」誌に、霊的治療は証明されないという見解を支持するものとして掲載されました。

こうした医師側の態度は、大司教の付託した神癒に関する委員会と接触した私の経験においても例証されるものです。私は、霊的治療の実際を示してみる前に、超常的治癒の例を六つ提出するように要求されました。六つの代わりに、七〇以上もの例を私は提示いたしました。すべて最近のもので、容易にチェックできるものばかりです。私が英国医師会によって指命された委員会に出たところ、その中のある医師は私の提供したカルテを取り上げて、それを下に置くや、「これらはすべて自然治癒が起こったと思われるものばかりだ」と言いました。(自然治癒とは、身体が何か説明のつかない方法によって自分自身の力で自然に病気を克服した場合を言います）私がその医師に、提出した諸例は、すべて不治の病とされるものの例で、自然治癒というのは当たらないと申しますと、彼はこう答えたものです。「医者というものは、とかく、治るものでも不治だと言うものですよ」

　その後、この委員会の要求で、いわゆる不治の病と言われるものが完全に回復した八つの詳細な患者記録を提出しました。英国医師会の特別委員がこれらの調査のために指命されました。しかしこの委員会は患者の誰とも面談いたしませんでしたし、また病院からの報告を求めることもしなかったのでした。一つの例を挙げてみましょう。三才になる男の子が病名の分からない奇病に冒された例です。その子は食べものを消化することができず、次第に麻痺の徴候を見せはじめたのです。身体を前に折り曲げて、時計の振り子のように左右に身体をゆり動かしていました。七年の間にその子は幾つもの病院に収容されました。しかし様々な処置も効果をあらわさなかったのです。多くの専門家がこの症例を見て、[†3]不治であると宣告いたしました。その子はロンドン病院の小児科に連れてこられ著名な医師の診断を受けましたが、その医師は父親に向かい、「われわれにできることは何もない」と言いました。そこでその子は、医学的処置の尽くしようのない不治の患者として、家に送りかえされたのでした。このときその子はおそるべき状態にまで悪化しておりました。まるで生ける骸骨のようでした。半身不随で、相変らず時計の振子のように身体をブラブラさせていました。

この男の子の姉が手紙で私に遠隔治療を申し込んできましたので、私は治療を行ないました。三週間で身体の揺れがとまり、食事もとれるようになりました。まもなく、学校に行くこともでき、健康で普通と変らない少年になったのです。彼は今一六歳で、「一般教育試験」にも通りました。この六年間の健康は完璧で、医者の必要はありませんでした。この例が委員会に提出されたのは一二歳の頃だったことも言っておくべきでしょう。

委員会はこの事件を次のように言って片づけてしまいました。「この少年は現在、医師の手当てを受けていないので、調査をすることは不可能だ」と。このような例は、委員会に挑戦状を突きつけるものと思われたのかもしれません。――かれらは、ただ、病院にこの少年の病歴を問合わせて、ほんとうに霊的治癒が起こったかどうかを確かめればよかっただけなのにです。もし委員会が完全な調査を行なったならば、霊的治療の有効性を認めざるをえなかったことは、明らかであると私には思われるのです。

霊的治療は、いかなる点においても、医師の仕事に反対を唱えるものではありません。それどころか、協力を求めているのです。人間が医学的領分で獲得した智慧を役立てようとするのは当然のことです。誰かが「私は医者へは行きたくない」と言うならば、たとえそれが、「霊的治療は神話だ」という医師に対してであろうと賢明ではありません。病気を克服するための理想的方法は、両者のやり方の中に協力できる点を見出すことです。両者は互いに補完し合うものなのです。

医学的処置法は、病気のもととなる原因が内的自然の不調和にあるような患者の場合には、為すすべがありません。このようなときには霊的治療が大きな助けとなります。

私たちはしばしば、霊的治療を受けている患者が、「彼はこの病院の模範的患者だ」とか、「医師たちは、彼がどうしてこんなに元気になったのか分からない」とか、「医師たちはびっくりして奇跡だと言っている」とか言われるのを耳にします。「霊的治療を受けていると医師に言いましたか？」と私たちが訊きますと、「いいえ、何か言われるのが恐いので話していません」と答えます。私たちから遠隔治療を受けている患者が、医師から医療を断わられたというケースが幾つもあるのです。

霊的治療家は、ときどき、自分の経験や霊界から教えられる情報によって、病気の原因を言うことができます。一九四五年に私は、大部分の皮膚病の背後にある基本的原因は神経的緊張と欲求不満であって、軟膏塗布は有効ではないと述べました。ところが一九四七年には、このことがすぐれた医学的発見とされたのです。同様に、霊的治療家は、内臓臓器の病気の原因がほとんど内的自己の不調和に起因していることを前から知っていました。この真理が一般に受け入れられたのは最近のことです。癌にも同じことが言えるのです。四年前に、私はほとんどすべての種類の癌、とくに婦人の乳癌は欲求不満と内的自己の不安感からくるものである旨を発表いたしました。現在では、ヘニーッジ・オーグルヴィ卿のような著名な医師が同様の見解を述べて、「幸福な人間は癌にはならない」と言っています。私はヘニーッジ卿のすすんだ見解に感銘を受け、彼ならば霊的治療の実例を知れば、それの可能性を認めるだろうと思って手紙を書きました。私は彼に、霊的治療によって医学的に不治の癌であると宣告された患者が治癒している例を調べてみる気があるかどうか尋ねました。私は一つの治療の症例を彼に送りました。ヘニーッジ卿はそれに答えて、自分は他人の医学的所見には満足できず、自分の管轄下に起った症例にしか関心がないと言ってきました。

白血病ないし血液癌は医師の意見では不治の病とされる例ですが、今日、私たちはそれを治療することができます。一つの例ですが、ミドランド病院に入院している一人の少年は現在のところ、遠隔治療によって目ざましい回復を遂げていますので、誰にでもお見せできる証拠例として明示できます。私は担当医に手紙を書き送って次のように提案してみました。霊的治療の開始日とその後の全く目ざましい回復の模様からみて、その医師には彼のもとに来た他の重症患者を私たちに知らせて、私たちの遠隔治療と協力してみるつもりはないかという提案です。同じ提案を英国医師会にも送ってみたのですが、どちらの場合も答えはなかったのです。

歴史をみれば明らかなように、医師たちはいつもまず、新しい治療法や新しい着想といったものには反対してきたものです。ある種の患者たちが催眠療法を受けられるようになったのもつい最近のことなのです。それまでは催眠療法に対する非難は非常に強固なものがありました。同様に、医者はリスター卿[*6]によるすすんだ衛生法の導入や麻酔薬の使用にも反対したのです。

軽い病気と初期段階にある重病がだんだんと霊的療法によって治されていったということは真実でありますが、それは何も霊的治療家が医者にとって代わろうという望みを抱いているわけではありません。しかしながら、過重労働気味の一般医の重荷を軽くし、あまりにも不充分な医療収容施設に対する目下の需要を、少しでも和らげることはよいことと考えられるのです。

　あるとき、私はウィンポール街での或る医師たちの集まりで、多くの医師を前にして、霊的治療の公開実験をするように求められました。私は患者を予め先生方の手で集めておいていただくようにお願いしておきました。最初のうち、お医者さん方は、広い部屋のぐるりにあるソファに腰かけて、あまり私に興味を抱く様子はありませんでした。最初の患者は女性で、汎性硬化症の人でした。彼女は二人の友人に支えられて部屋に連れてこられました。麻痺によって身体のバランスと両脚の力をコントロールする働きが失われていたのです。私は医師たちに治療の目標を次のように説明しました。まず、痙攣症状のある背骨に動きを取り戻させて、それから二本の脚の動きを調整できるようにしますと。その患者は非常によく私の治療に反応いたしました。彼女はまっすぐ立って、友人の腕に手を載《の》せ、ちゃんと歩くことができました。その治療結果はいたく医師たちを感動させ、彼らは他の患者たちと共に立ち上がってまわりを囲み、まぢかで起こった関節炎の回復と脊椎の矯正を見ようとしたのでした。治療が終わると、何人かの医師が自分のも治してくれと言ってきたものです！

公開治療集会では、私はいつもその中に医師がいるかどうかを尋ね、もしいれば、傍へ来て患者の病状を調べまた治療の結果を確かめてくれるようにと申します。ほとんどいつの場合でも、医師は病状がなくなったことを認めました。医師が認めることを拒否したたった一つの例を思い出しますが、それは、その医師が検査する前に裸になってしまった患者を診る必要はないという理由によるものでした。グラスゴーでの集会では、そこにはプロボスト卿もおりましたが、市の保健課の担当医師が治療の結果をはっきりと認めたのでした。

医師たちが治療院にやって来ると、私は治療に参加するように求めます。たとえば脊椎硬化症の人の場合、医師に前もって病状の重さがどの程度かを調べてもらいます。そうしてから、患者の背骨の上においた私の手の上に手を重ねてもらい、椎骨に動きが出てくるのを感じとってもらうようにします。次に、私は医師に、背骨が全く自由になって、曲げたり、お辞儀したり、後へそったり、回転させたりすることができるようになったのを確かめてもらいます。ある医師は、私たちのやっているような霊的治療ができるようになるなら、生命を五年ちぢめてもよいと言ったほどです。

自分の職業を天職と思い、患者を単なる症例としてではなく人間として考えるような医師は、ときとして、霊的治療が行なわれる無意識のチャンネルになっていることがあります。患者の病床の傍《かたわ》らに坐り、静かに手をとって患者がよくなるように祈るときに、思いがけない治癒が起こるのを目撃するのは、ほかならぬ医師なのです。話のなかで、あるいは文章のなかで、多くの医師がこのような予期せぬ治癒の例を認めております。このような治癒の例が調査照合されるならば、英国医師会は仰天することでしょう。なお、付け加えておくならば、同じ医師であっても、ある患者の病例を語るときに、患者に対して人間らしい感情を持っている人の場合と、それとは反対に、単に職業としての関心しか持たない人の場合とでは区別されるべきであるということです。

熱心なスピリチュアリストが、主治医と死後の生存について話し合いながらこう尋ねました。「あの世へ行ってからも先生は病気を治しつづけますか？」彼は答えました。「とんでもない！」彼はたんなる職業医にすぎなかったのです。治療することを愛し、病人に同情を抱く医師があの世に行くときがきたとき、その医師は一層自らの勉強に身を入れ、そしてついには治療霊になると仮定することはおかしなことでしょうか？

英国医師会は、スピリチュアリストによる霊的治療を公式に認めようとはしないにもかかわらず、神癒の問題について教会側とは公式な関係を結んだのでした。医師会はその会員の担当医と牧師との話し合いや協力を歓迎しています。この協力から、実際の結果を示す何らかの証拠が医学雑誌ないし教会側の諮問委員会の報告書に掲載されたとか承認されたとかいうことは未だかつてありません。その理由は想像するに難くありません。教会側は、初期の頃には持っていた霊的能力を失ってしまっており、医師たちは霊的治療家でない人々と協力したというだけのことなのです。

もし英国医師会が、素晴しい効果をあげつつあるスピリチュアリストに対して、同じような便宜を供与したとすれば、もっとよい結果を報告することができたことでしょう。霊的治療家たちは協力を惜しまないことでしょう。なぜなら、重症患者に対する最良の処置は医療プラス霊的治療だと感じているからです。両者は相互補完的なものだと言えますが、その治療の過程は全く異なるということを心においておかなくてはなりません。医学的処置とは物理的器械その他を使用する治療法ですが、霊的治療は他の次元、つまりは霊界からやってくるものなのです。

ある種の患者に対しては、霊的治療が大部分の役割を果たすかもしれません。しかし関節炎のような場合には、原因が取り除かれて関節が緩んでくると、物理療法などが患者の一層の回復を助けます。他の症例では医学的処置が重要な役割を果たし、それに霊的治療が力を与え、心や神経を鎮める上での補助的な役目を分担する場合もあるでしょう。

最近、医師と牧師が何人かで話し合ったとき、ある人が、牧師が治療を覚えることによって、医師よりももっと強い信頼を勝ちえるようにならないだろうかという懸念を述べました。その結果、患者たちが医師よりも牧師のところへ行くようになりはしまいかというのです。こうしたすべてを考え合わせて、結局、牧師は医師に対し、ちょうど第二バイオリンのような役割を果たすべきだという意見が受け入れられました。

霊的治療家は同胞への愛によって掻き立てられて、その仕事をすすめます。ですからそれが誰の手柄になるなどと考えずに、まず病人をよくすることを考えているのです。治療家と医師の協力がすすんでゆくときに、どちらが主でどちらが従になるという問題はなく、また治療の手柄がどちらに帰すべきかというような論争もあるべきではありません。そうでなければ協力は成り立たないでしょう。

医師たちが霊的治療の力を徐々に認めるようになるかどうかという問題については(結局、一般臨床医たちが患者の信頼と友情をかちえたときに、霊的治療を受けていることを患者から聞くようになって、霊的治療が素晴しい効果をあげていることを実際に目撃するようになります)、私たちはいつの日か英国医師会が霊的治療について共感をもって、誠意ある調査をするようになるだろうとみています。そこから人々の病気の重荷を軽くし、予防し、天命を全うせしめるための一定の協力が、医師と霊的治療家の間に可能になるだろうと思うのです。

†3 この報告に関係した病院と医師の名前は、誠意ある調査をなさろうとする方にならばお知らせいたします。

第八章　神の意図

ある不可知論者が私に言いました。「たしかに、あなたには病人を癒す力があることを認めます。しかし一個人の病を癒し、痛みや障害を取り去ることにどんな目的があるのですか？　何百万人もの病人の中から一人だけよくなることに何か重要な意味でもあるんですか？」私の答えはこうです。たとえばブラーヌマンス在住のブラウン夫人が治癒したというような例は、彼女やその家族にとっては幸《しあわ》せが悲しみにとって代わったのですから、それ自体でたいへんなことなのですが、それは全体のはからいという観点から言えばたいして重要なことではありません。

大事なのは治療ということから生じてくる意味にあるのです。

ある患者が不治であるとみなされると、医師はそれ以上の処置を拒絶し、それ以上は何をしても時間の無駄であると言われてしまいます。そうすると患者は、町医者のところに行って痛みを鎮めるための錠剤でも貰う以外にはなくなってしまいます。

こうした不治の病が治ってしまうと——そうしたことがしばしば起こりますが——それはこの患者やまわりの人々に霊の働きを認めさせることになるのです。このことはこの世のものならぬ力と知性が働いたことを関係者一同に証拠立てます。霊の存在を証拠立てるこれらの事実の積み重ね——スピリチュアリズムを通しての——によって、この知性や力が、霊界において高い段階まで向上した個性ある霊からやってくるものであることが証明されるのです。

思考力のある人なら誰でも、物質界のものはすべて、受動的性質を持たなければある力の導体にはなりえないことを知っています。ある金属は電気の伝導体ですが、他の金属はそうではありません。ラジオやテレビの内部機構はあるエネルギー振動に同調するように調整されているのです。

同じことは人間にも言えます。自分の中に霊的な知性から伝えられる治療エネルギーを受け入れられるような能力を持った人がおります。それゆえ、そうした人の全体的構造の中には神霊を感受する能力があり、かつまた、その人の霊体は霊界に行く以前のこの世において既に実際に機能しているのだと考えられます。

霊的治療が公開で行なわれる際の大ホールに起こることについて考えてみて下さい。無数の眼に見えない力や振動、軽かったり重かったりの放射能、電気刺戟や無線電波などが会場を充たしています。それらの存在を証明するためには同調器を持ってくればよいのです。

公開霊的治療実験会の場合には、治療霊の存在に対して同調器となるのは治療者なのです。患者が壇上に上ってきて、病状が関節炎とか関節硬化症であるとき、治療霊は治療家を通して関節の固着を破砕したり、正常な働きを回復するために必要な力を操作するのです。関節炎の治癒などは数えきれぬほど目撃されています。決してたんなる偶然の結果ではありません。患者は何年ものあいだ関節が動かなかったのです。暗示や意志力では固着した関節を動かすことはできません。もしそうならば医師も同じ方法がとれたはずです。

解決法はたった一つあるのみです。関節は関節炎による癒着がある間は動きません。

動きを妨げている障害物を除去しなければなりません。ドアを開けるためにはいくつかの螺子《ねじ》をはずさなくてはならないのです。関節炎のある関節を、数秒間ないしほんの僅かの時間で動かせるようにするということは、そうしようとする意図的努力の背後に知的存在があって、それが障害物の原子組成を破壊し、もと通りの状態にするための特殊力を管理しているのだということを意味しています。そしてこのことが、隣接する組織を全く傷つけず、また痛みもなしに行なわれるのです。

さて、ここで私の論点にもどりましょう。治癒した患者には治療の送り手との間に調和があった、ということになります。患者の身体が霊的な力を受け入れなければこのことは起こりません。

これまでの説明は私の不可知論者の友人の要求する答えの前段部分にしかすぎません。世界史を見てみれば、必要なときに神の人間に対する交渉がなされていることに気づきます。預言者たち、孔子、モハメッド、キリスト、そしてウイルバーフォースやウェズレーの場合にみられるような良き思想の導き手たちの出現はまさにそれなのです。キリストが生れたときの世界の状態をみてごらんなさい。ローマ帝国は崩壊の兆候を見せ、放蕩、残酷、奴隷制度などが広まっていました。政治は退廃におちいり、剣による支配が人間の運命を決めていたのです。生命にはかけらほどの重みもなく、ハンセン氏病その他の死病がいたるところに充ち溢れていました。これ以上詳しく申し上げる必要もないでしょう。イエスの説教、奇跡、そして治療を通じて、キリスト教の高い理念が生れたのです。

私たちはその昔、イスラエルの民を逃がすために紅海が二つに割れたことを読みました。最近においても、つむじ風にまかれて荒れ果てた海がふいに凪《な》いで、英軍が小舟でダンケルクから脱出することができたのを、不思議に思わないわけにはいきません。モンズの天使*7の出現はどうでしょう。私たちが絶望状態にあったときの敵軍の突然の作戦変更はどうしてなのでしょう。私がこれらの事件を語るのに、自分たちの人種的優位を主張する傲慢におちいっているという人がいるならば、今では敵側も、正義は私たちの側にあったと認めているとだけ申し上げておきましょう。

現在もまさにそんな状態を思わせます。霊的な価値が低く見られすぎています。若者たちは唯物的な見方に冒され、宗教を信じようとはしません。教会はからっぽになっています。私たちは科学的実践の世の中にいるのです。人々はもはや宗教はお説教だと言って受け入れようとはしません。生命の神聖さは意味を失い、だんだんと価値を失ってゆくのです。国家間の不信は、水爆の所有ということでようやく安全が保たれているのだと考えられるまでに高まってしまいました。

私たちはすべて、生まれたときから霊的な存在なのです。人類はいつも自己の運命に満足しないできました。――そしてそれはまさにそうあるべきなのです。その背景には、平和への希求や隣人と調和的に生きたいという望みがあります。人類は霊的に飢えていますが、教会の古い秩序は人を満足させません。私たちの時代にあらわれた治療力の復活こそがこのことに対する回答なのです。

キリストは奇跡と治療のうちに霊の力を証明してみせました。今日、私たちは霊交の能力という遺産は私たちのすべてが持っているということ、そして霊的治療の行なわれる過程でその一部の役割を担うためには私たち自らが霊的存在でなければならないという真実を証明することができるのです。

教会の弱味は、論理的に追求する人に対して、個的な魂の存在や、死後の世界を証明してみせることができないということです。霊的治療の力はこの証明をなしとげるのです。

以上が不可知論者に与える私の答えです。私は不可知論者こそ最も容易に霊的治療の真実を受け入れるようになるものだということを繰返し明らかにしてきました。なぜならば、不可知論者は原則として理性的な精神の持ち主であるからなのです。宗教人を改宗させることは容易ではありません。宗教人はスピリチュアリズムに対して偏見を持っているからです。

私たちはしばしば、治療会や公開霊的治療実験会に出席した人が、人生について新しい霊的展望を持つようになり、幼少時代以来はじめて神に祈ったという話を聞きました。

私たちは病気の治療が神の計画のすべてであるとは思いません。人類が唯物論的価値基準を克服して新しい規範を受け入れるように導くということは勿論のこととして、それ以外にも、たんなる治療のみに終わらない、病気の予防という目的をも持っているのです。

肉体的病気の八〇パーセントが心や内的自我の不調和を原因としていること、同時に、生命について高次の霊的見方をすることが病気の原因を減らすために必要なことは、明々白々なのです。生命の二つの王国(現界と霊界)がもっと密接に関連を持つようになるとき、治療能力は第二の天性となり、私たちが自然に霊的指導に従うようになり、その結果あらゆる病気がだんだんと克服されてゆくにちがいありません。

私は、いつの日か、経験を通しての信頼が霊的治療をすべての家庭にゆきわたらせ、それと共に、病気に対してなすすべもないというようなことはなくなるであろうと思っています。両親たちは現在家庭療法を用いているのと同様に、子供や愛する人たちのために、眼には見えない霊人たちの助けを求めるようになることでしょう。

第二部　霊的治療の応用

第九章　治療エネルギー

奇跡というようなものは存在しません。霊的治療は、それがどのように行なわれるかを理解できない間は奇跡のように思われます。しかし、治療エネルギーの性格を知るに従って、「奇跡」は合理的結果と考えられるようになるのです。

私たちはすべての物質はエネルギーであり、また、原子から成り立っていることを知っています。各々の原子は、つきつめて言えばエネルギーの集まりだとも言えるのです。一つの原子と他の原子が結びつくことによって、互いに影響し合い、新しい物質が形成されます。科学者は現在、原子の組織を破壊して、それを形づくっていたエネルギーを解放させることができます。

人間の身体とそれを形づくる無数の生きた細胞の一つ一つは、原子より成り立っています。細胞が病気になるということは、他のエネルギー形式との関係がうまくゆかなくなっているか、正しい栄養の摂取ができなくなっているか、あるいは老化作用が進んで生命のよき企図が途絶しているかを意味しています。

有機体の障害に対する霊的治療が行なわれることは、そこに化学変化が起ることを意味しています。医師は薬と医学的処置とを施すことによって、組織が機能するためのよき化学変化を促し、細胞の健康を促進します。

霊的治療も原則としては、同じ方向にそって同じことをするのですが、はるかに進んだ確かな方法で行なうのです。

霊的治療が達成されるための正確な方法についてはまだよく分かっていません。が、しかし、これまでに得られた諸事実から幾つかの結論が導き出されています。たとえば、かなりな大きさの腫瘍が、直接治療によっても遠隔治療によっても、短時間で消散したというような記録がいくらもあります。顕著な甲状腺腫が直接治療によって、治療家の手の下で眼に見えて小さくなっていくとか、またしばしば完全に消滅してしまうのを目撃するのは普通のことなのです。このことは公開の席で何度も実際に示されてきました。

X線写真によって、胆嚢や腎臓に石のあることが示されているのにもかかわらず、霊的治療のあと再びX線写真を撮ってみると石がなくなっているというようなことがあります。腫瘍や繊維性腫瘍や癌の存在が病理学的に確認され、X線写真にも記録されているという例で、また検査のとき患者の身体の上に眼ではっきりと観察されたというような場合でも、治療のあとすっかりそれらが消えてしまうというようなこともたえずあります。

私はある男の人が手術を受けた結果、切除不能の末期癌を発見された例を思い出します。手術箇所はすぐに縫い合わされて、患者は死を待つべく家に送り返されました。そのとき遠隔治療の依頼があったのです。治療によって痛みの症状が消えました。その男性は元気を回復し、体重も増えました。一年後、彼はたまたま前立腺の故障が原因で手術を受けることになりました。前回と同じ外科医が手術にあたりました。その外科医は患者の既応症に気づきました。そして癌を探したのですが、影も形もありません。彼はびっくりして、これは同じ患者のはずはないと言ったものです。

石灰化固着によって動かなくなった関節が動くようになった例はすでに述べました。他の場合における物質消散の例をあげれば、血栓症において沈着物が溶けて無くなるという現象があげられます。

このようにして私たちは、実在することを証明された物質があらゆる医学的知識や予測を裏切って消滅するという事態を目のあたりにするわけです。そのことを通して、治療霊は物質の原子的組成を破砕するようなある種のエネルギーを用いることができるのだという結論が導き出せます。

霊的治療の実例談のすべてが、治療霊の卓越した知慧についての豊富な証拠を提供するものです。今日、人は大仕掛けの精密な科学的方法を用いて原子を破壊することができます。とすれば、治療霊たちがかれらの進んだ知識をもって、もっと単純で自然なやり方で同じことができるのだと考えることは、途方もないことでしょうか。

異なった状態に対して要請されるのが異なったエネルギーであるのは明らかです。たとえば、胆石を消散するのに必要なエネルギーは、甲状腺腫を消散するのに用いられるエネルギーとは異なるはずです。

この理論を支持する証拠は、物理的霊媒現象の際に見られるアポーツの現象によって提供されます。アポーツとは、物理的手段を用いずに遠方から物品をとり寄せることを意味します。私はこの現象が起きるところを何度も目撃しました。あるときは充分に明るいところで、ある物品が交霊会を催している私と友人たちの部屋にとり寄せられ、私の手の中に落とされたのです。[†4] これはテーベ風ガラスでつくられたエジプト時代の護符でした。その品物は書き列ねた文字から推しても三五〇〇年ぐらい前のものでした。こうした才能を持つ霊媒は、その手のうちに様々な種類の品物を物質化させることができます。生きた鳥や魚でさえアポーツされました。こうした現象について考えてみますと、おそらくは物品を成り立たせているエネルギーの状態が、あっという間に空間を移動する間、摩擦の起こらないような非物質的状態に変えられているのではないかと思われます。同時にまたそれは壁などのような固体を通過して来て、霊媒のいるところで、もとの物質的状態に再形成されるものと考えられるのです。このようなことから、これを行なう指導霊たちは、エネルギーをコントロールする技術についての熟達者なのだと間違いなく言えます。

　上記のことから、私たちは、身体中の有害物質が瞬時に取り除かれる際の方法を理解するためのヒントをえられます。ある物質の除去は、こんなふうにしてなされるか、またはその組成が変えられ血液中で消散せしめられるのか、それとも別のやり方で体外に排泄せしめられるのかに違いありません。

私たちは、治療霊が有害な細胞ないし物質と、健康なそれを区別するやり方を信用しなければなりません。白内障において除去すべきものは障害となっている薄膜だけであり、眼そのものは無傷のまま残す必要があるわけです。

いかにこじつけの理論のごとく見えようとも、私たちはほんの僅かの間に物質が消散させられるという事実を説明しなければなりません。それゆえ、変化は常識では考えられない条件のもとで引き起こされたと結論づけることが合理的であります。ある物質の存在が確かめられ、ついでそれが霊的治療によって消散されたということがわかったとき、私たちは非物質化の現象をありうることとして想定しなくてはなりません。

結局、医師が放射線療法を行なうとき、同じような処方を行なっているわけなのです。医師は病気の細胞を破砕したり破壊したりするエネルギーないし力を操作しているのです。

すべての治療が瞬間的なものであると仮定する必要はありません。実際大部分の治療には時間がかかります。このことは、使用される治療力は持続的に適用されて、徐々に病気の箇所を征服してゆくために時間が必要だということを示しています。

それぞれの症状を処置するには、それぞれ性質の異なったエネルギーが必要とされます。細胞の健康をつくりあげ、復旧するための「栄養補給的エネルギー」が必要な病気もあるでしょう。医師たちは細胞を修復するのに、薬や注射その他の手段を用いて、不足した成分を供給しようとすることでしょう。細胞に或る特殊な要素が不足しているとき、その欠落に気づいた治療霊たちは、細胞の原子的要素を形成するエネルギーの代用物となるある〈力《フォース》〉を操作します。その〈力《フォース》〉は物理的状態に変換されて、細胞に失われた物質を補給するのです。

刺戟力の用いられることもあります。この力の用いられるのは、衰弱状態、小児麻痺、筋肉萎縮、神経症のとき、および諸種の麻痺症の場合です。治療努力が続けられると、結合組織は次第に健康になり、筋肉組織は回復し、神経は再び活性化して調整作業を行なえるようになります。この結果は一部分身体知性に向けられた刺戟に対する反応として起きてくるものですが、一方で、ある種の刺戟ないし新しいエネルギーが、弱った状態を活気づけるために付与されるということが経験上知られているのです。

霊的治療を受けた私の患者たちのほとんどは、初め数日の間、気分の高揚と軽快さを感じています。これは精神の安らぎからくるものですが、器質的治癒と区別できるものではなく、新たな感覚が身体に一層よい影響を与えます。動作が身軽になり、疲労から解放されますが、このことは身体を強壮にして活力を与える力が供給されたことを意味します。こうした現象は、貧血などの血液の病気の治療の初期の段階ではいつもみられることです。以上のように、一般的刺戟として作用するような形の治療エネルギーがあると言ってよいでしょう。

治療エネルギーの適用や性質についてもっとはっきり納得するためには、私の身体を構成している原子の一つ一つが完璧に組織されたエネルギー機構であり、それを支配する法則はその機構の個体性を維持するのみならず他の原子との混交を可能にし、また原子間には相互受容性があるということを銘記しておく必要があります。原子構造の研究はこの事実を明らかにします。ある形態のエネルギーは他の形態のエネルギーと結びつきますので、違った結果が生じます。それゆえ治癒は病状にあったそれぞれ特殊なエネルギーの正確な適用から生ずるもので、それによって良好な変化が導き出せるのです。

これまで、器質的疾患の治療に適用されるエネルギーのことのみが述べられてきました。精神治療に関連する問題は後の章で扱うことにします。病変した物質の固定性を変化させる治療霊の能力については、以下の二つの例で明らかにされるでしょう。

ある男性が咽喉に腫れものを持っていました。病状は明らかでした。彼は話すことも食物を嚥下することもできずに、管を通して食事を摂らなければならない状態でした。医師は患者の病状がとても重く手術できない状態なので、通常の看護に委ねる以外にはなす術《すべ》がなかったのです。そんなときに奥さんから治療依頼の電話があり、治療がはじまりました。夜の間、ご主人は柔らかい物を吐きつづけました。吐瀉した物質が柔らかく、腫瘍の肉質的構造物とはまるで違うものだということは注目に値します。吐瀉が終ると腫瘍はすっかり消えました。その男性は話すことができるようになり、まもなく前と同じように食物を嚥下することができるようになりました。

第二の例は腹部にかなり進行した癌を持っていた一女性の例です。腹部の切開を行なってみたところ、癌はもはや手術不能の状態でした。すでに全身に転移していたのです。彼女は腹部を縫い合わされて家に送り返され、最期の時を迎えるばかりでありました。できることと言えば、痛みを軽減するためのモルヒネの投与だけだったのです。私が彼女と面接してから二四時間の間に、彼女は直腸がはげしく奇妙な運動をするのを感じました。一日か二日後には、彼女は起きあがって動きまわり、家事をやり、その後何年もの間無事に生きております。

この症例の場合、腫瘍の物的性質そのものに変化が生じた――つまり半流動的状態に変化した――ということが言えます。後者の例ではその点が証明されておりませんが、状態の変化および癌の除去は、癌の局部に対してのみならず、全身の転移箇所にも作用したと考えられると思います。そこで治療力というものは、諸要素の原子的組織を直接消散させたり破砕したりするばかりでなく、ほかの病状そのものが身体からすっかり駆逐されてしまうような例においては、すべての有害な物質の構造に変化を生ぜせしめ、それの体外排除を行なうのだという証拠が得られたものと思います。治療霊たちの診断や患者に最もよい効果をもたらす方法が何であるかを決める判断力がいかに的確であるかを知ることは、まことに興味深いことです。

治療者が直接治療をしているとき、手が悪い箇所に近づきますと、強い熱、ないし冷たさを感ずることがあります。手はそうした感覚が消え去るまで動き続けます。患者は身体に染み透るような力として熱または冷たさを感じます。この熱は実際上のものではありません。治療者の手と患者の間に体温計を置きますと、温度には何の変化も表われないのです。私たちは熱と冷たさの感覚がどういう役割を果たしているか知りませんが、それが治療の際につくり出される力であることは分かっています。これらの感覚が意志によって引き起こされるものではなく、治療行為の中で生み出されるものであるということで充分でしょう。それは治療家の手の中で高まった血液の循環の結果でないことは諸々の理由で明白です。これらの冷・熱のエネルギーはリューマチや繊維組織炎や関節炎などの病変を取り扱う時に発生し、また器質的病状がある場合には通常経験されるものなのです。これらが治療のための力であることに間違いないのは、治療家ならば誰でも知っていることです。この経験に従って治療を行なえば、病変の減少は珍しくありません。

†4 ハリー・エドワーズ著「ジャック・ウェバーの霊媒現象」参照

第十章　なぜ失敗するのか

　ある日、ひとりの母親が生後数ヵ月の乳児を連れて私のもとへ来ました。この赤ちゃんは両足が内側へはっきりと湾曲しているという以外は全く健康でした。母指球と爪先《つまさき》は下方へのびていました。医師は母親に対し、外科的な処置や物理療法などは子供がもっと大きくなるまで待った方がよいと忠告いたしました。この症例で問題となるのは、私には両足が同じように悪いと見えた点です。私は片方の足を自分の手に取り、霊界に治療の援助を求め、それからゆっくりと足を動かしはじめました。静かにあげたり回したりしているうちに、手のうちに或る変化が起こったと感じました。手を放したときには、足はちゃんと前を向いて普通に上げたり下げたりすることができました。そこでもう一方の足の番になったわけですが、暫く治療しても何の変化も生じません。曲がったままで動きも鈍いのです。このことは私を大変悩ませました。さらに二度ばかり治療したのですが何の反応も見られないのです。四回目になって、その子が一歳近くになったとき、ようやく変化が生じて、両足でしっかりと立つことができました。このケースの問題点は次の点です。同じ赤ちゃんで、同じ状態だったのにもかかわらず、一方の足にはすぐにも治療効果が現われ、他方には治療が何度も繰り返されたというのに、六カ月も経ってから効果が現われたのは一体なぜか？

第二のケースは私の友人ジャック・ウェバーの死去にかかわるものです。彼は一九四〇年代における傑出した物理霊媒の一人でした。私たちは二年間以上に亘って日々よい仲間でありつづけました。二人の間には何の感情のわだかまりもなく、私は彼の霊媒能力を後援し、経済面の面倒もみていたのでした。*8 ふいに彼は病気になりました。私は直観的に彼の病状は重いと思いました。そこで私は彼の病気を彼に代わって引き取ってあげようと熱烈に思ったのでした。今では、そんなことはすべきではなかったし、また不可能なのだということを私は知っています。しかし、このことは私の彼に対する愛情がどんなに深いものであったかを示す一つの事実として述べているのです。彼は三日ほどしてあの世の人となりましたが、悪性の脊髄膜炎に冒されていたのだということが病理学的に確かめられました。注目すべきことは、彼が肉体的苦痛を一度も訴えなかったということです。通常この病気の場合、死亡前の数日は最も苦しみを訴えるものなのです。最後の思い出となったのは、彼がこの世を去る前の夕べのことでした。私は彼のベッドの傍に腰かけ、一緒になって、彼の好きな「ダニーボーイ」を歌ったのでした。夜になって彼は意識を失いました。身体が硬直し病院に運びこまれ、そこでまもなく息を引き取ったのです。この話の大事な点は以下のことです。

次の週、私の店に、脊髄膜炎で死にかけている息子のために霊的治療をしてもらえないかと言って訪ねて来た父母がおりました。二人は北イングランドからポーツマスへの旅程を中断して私のところへ駆けつけて来たのでした。かれらは息子が危篤状態にあるという知らせを受け、ポーツマスまでいかなければならないところでした。しかし、病院につくまでに死亡してしまうかもしれないという状態でした。そこで最後の望みを託して、旅行もとりやめ、私のもとへやって来たというわけです。

ジャックの脊髄膜炎のことが鮮やかに記憶されていたので、私はこの両親をとても気の毒に思いました。私は心を鎮め、この両親の息子のために霊界の援助を乞いました。両親が病院に着き、息子の病棟へ入ったとき、息子がベッドの上に坐っており、四人の医師が彼をとり囲んで協議をしているのを見てびっくりしました。医師たちは奇跡としか言いようのないことを目のあたりにして、額を寄せ合って検討中だったたのです。病気の徴候は全くなくなっていました。医師たちは青年が元気を回復した理由を理解できませんでした。数日後、この青年は帰宅を許されました。青年は軽騎兵隊に属する兵士だったのです。回復が完璧であったので、彼は兵役に復することができました。この事実は、脊髄膜炎にはしばしば伴う併発症のことを考え合せるとき、ますます目ざましい霊的治療の治癒例と考えなくてはなりません。

こうして、ジャックの死に際して生じた一つの問題は、私の悲しみの想いを掻き立て、私の心に或る苦味を残したのでした。なぜに私の最愛の友、しかも彼自身その指導霊との交わりも深く、また霊的治療にも堪能だった人が、私自身真剣に治療の援助を求めたのにもかかわらず、救われずに死んでしまい、他方で私にとって見ず知らずの人間が助けられたのでしょうか。これは誰にも理解できないことです。

経験から言えば、私は一つの例が決して他の例の前例とはならないこと、一例一例が全く別個のものとして考えられなければならないことを学びました。

結論として、私はこの点が医師と協力してゆくことが難しいところだろうと思います。というのは、医師の方は、ある決まった処方から一定の結果を期待するだろうからです。かれらは身体の解剖学や化学の知識に頼ることでしょう。そしてある医薬を用いることによって、予め起こる結果を予測することでしょう。霊的治療に関してはそうはいきません。私たちは誰に対しても、治療効果が必ず起こると前もって約束することはできないのです。私たちは、治療が現実化する公式を心に描くことはできても、それを「要求」することはできないのです。

私たちの治療結果を分析してみますと、全くよくならないという場合が二〇パーセントあります。一般的に言って、霊的治療を受けようという人は、医師への信頼を失っているか、医学的診断や処置におそれを抱いています。そうでなければ大部分の場合は、医療によって病気が治らなかったとか、医師が「不治」であると言った場合です。こうした要素を考えますと、二〇パーセントの治癒効果なしという数字は大変良好な数字で、これは大いに多としなければなりません。すべての治癒例に合理的な理由があるのと同様に、治癒効果が見られない人の場合にも理由があるはずです。他のあらゆる偶発事件も同様です。

治療を支配している限界とは、私たちの懐胎——あるいは懐胎以前までも——から死亡までの健康を支配している全体法則なのです。これらの限界の一つとは、原子法則を成り立たせているエネルギーが石や樫の木などがそうであるように、いつかはその力を失いはじめるということです。すべての動物の生命についてもこのことは判然《はっきり》と見られるのでして、機能の衰退が年と共に進行することは、出生に伴う罰則のようなものです。否、人が永遠に生きたいと望むかどうかは疑わしいことですので罰則であるとも言えないでしょう。より大きな宇宙の計画のもとでは、肉体で生き続けることは、この世での生命を終えたあと入る世界の霊的生活の喜びを妨げることになるでしょう。いも虫が蛹《さなぎ》になり、それから蝶の状態に変態を遂げるように、種における進行は生命の法則であり、私たちの変容も同じような法則のもとにあるのです。ですから、治療効果が生じないというときは、このような変化の時がやって来たということがその理由である場合が多いようです。

それはまた「結果は原因に従う」の法則でもあります。患者の肉体的原因の方が相変らずであれば治療結果にも効果はあらわれません。この点を明らかにするために、この本の初めに視力の衰えと関節炎の例を述べておきました。もう一度復唱しますと、もしある人が日常の無理な仕事のため引き起こされた目の緊張から視力の低下を招いた場合、この状態が続けられる限り、同じ条件のもとにおける最善の結果は得られるでしょうが、視力の完全な回復は望めません。またリューマチや関節炎や繊維症などの患者が天候不順な戸外で働かなければならなかったり、湿ったベッドで眠ったりするならば、治療に良い効果は現われません。かくして多くの例の場合、完全治癒は健康の法則に従っているかどうかにかかわっているのです。

私は関節炎でひどく苦しんでいた一人の患者の例を思い出します。私は彼女がひどい虫歯を幾つも持っていることに気づきました。その虫歯が血流の健康を妨げる中毒症状を引き起こしているらしいのです。私は全部の歯を抜いてしまいなさいと思い切って言いました。しかし、歯医者の処置に恐怖心を持っている彼女はそれをいたしませんでした。彼女の関節炎は楽になりましたが、しかし完全にはよくなりませんでした。彼女の例は失敗として記録されるところでした。たまたま、彼女は勇気を振い起こして歯医者に行き、入れ歯にしたので、この日以降彼女の関節炎は徐々に消えてゆき、やがてすっかりなくなってしまうまでになったのです。

病気の原因が精神的内的不調和にあるとき、治療のはかどるスピードは神霊からの修正的影響によって心の混乱を鎮め和らげることのできる度合いに依存しています。このような人々の間では治療の効果はなかなか思うにまかせないものです。

死の直前というときになって、治療の要請がなされるということがこれまで何度もありました。医師はもはや数日ももたないだろうと言います。落胆した身内の人々が絶望の瀬戸際で治療家の許を訪れます。時たまこのような危篤状態からの回復が起こるのですが、決して一般化できることではありません。こんなときでも治療は失敗したと言われます。このように回復ということがもはや困難な場合でも、霊界からの援助があることは疑いありません。苦しい痛みを伴う死に方はせず、患者は苦痛の感覚を失うものです。快さ、内なる力、平安といった感覚が患者を訪れます。患者は薬の必要もなく眠り、死への移行は苦しみなく行なわれます。このようなケースが失敗とされるならば、失敗とされるカテゴリーそのものが問題なのです。

「失敗」の論議については考慮すべき他の要因があります。治療というものはすべて、法則内で行なわれる修正的治療エネルギーの知的管理の結果だということは前にも述べました。「知的管理」ということばは、満足すべき結果を生み出す治療霊の智慧の度合いを示しております。もし治療霊である霊的知性が全智全能であると考えるならば、それは誤りです。かれらもまた経験を通して知識を獲得いたします。このことは、かれらが私たちの必要と、治療エネルギーに潜む力を学ぶに従ってどんどん進んでゆきます。そのよい例として、佝僂病のような病気の治療の例を見てきました。今ではこの病気は、一〇年前よりはずっと容易にまた早く治るようになり、治療霊たちもこの病気に対処する知識と能力を進歩させたという証拠がはっきりいたしました。同じことが白内障や腫瘍などの病気の場合にも言えるようです。霊的治療はたえず進歩しているのです。現在何の効果も出ない病状に対してでも将来は次第に効果を現わすようになるものと思われます。

治療が不成功の場合の原因としては、すでに述べられたことのほかに考慮すべき他の点があります。

その一つは、患者が病気の生み出す悪影響に慣れきってしまい、病状が固定して身体の習慣と化してしまった場合です。腰や膝の関節が長年の間痛みと凝結に苦しめられますと、患者は足をひっぱって歩く習慣を身につけ、その結果、骨盤のところから足を振り分けるような具合になります。治療によって故障のところが動き、治療者の指示に従って患者は関節を自由に、痛みを伴わずに回転させることができるようになります。それでうまく歩くことができると分かるのですが、こうした客観的な事実にもかかわらず、しばしば、彼は習慣的に前の足を突っぱって歩く歩き方に戻ってしまいます。こんなときは治療効果がなかったと言われてしまうのです。固定化の原因が関節炎で、折角の回復によってなめらかになった動きを維持しようという努力がなされないならば、そのとき関節はまたもとのような固着を引き起こしてしまうのです。

恐怖心は患者が治療効果を認めない他の原因になります。かれらは、治療の効果を受け入れて先に進むと、痛みが戻ってくるだろうとおそれます。痛みを感じないです む制限内に引き込むという逃避を犯してしまうのです。

そこで治療家は心が自己の不具の状態に固着してしまった人々に出会うということになります。それはかれらの生き方の一部となってしまっているのです。「私にはそうすることができません」ということばがあまり深く心に染みつきすぎて、そのためにどうしても身体を自由に用いることができなくなってしまっているのです。治療家が悪いところや苦痛を取り去ってやってもそうなのです。

身体の不具が続いていないとかえって不幸だというような種類の人々もおります。他の人からの同情を当てにしているからです。かれらは霊的治療までも受けてみようとするのですが、実のところ、それによって良い結果が生じることは望んでいないのです。

治療家はまた想像上の病気を一抱えほども持っている憂鬱症患者にも出会います。

このような場合には、患者は病気ではなくても病気だと言い張りますので、治療は失敗したことになってしまいます。

これらの要素をすべて考慮しますと、良好な結果をえられない二〇パーセントの数字というのは大幅に減少することでしょう。

治療家は自分で自分を責めたり、また治療の不成功を自己の治療能力のせいにして責めたりしてはなりません。それにはちゃんとした理由があります。患者のことや、まして治療霊のことを非難することなどは厳禁です。

原子の内部に潜むエネルギーについては分かってきましたから、霊的治療も合理的に説明できる領域に入ってきたと言えます。霊的治療は、それの成功と不成功を支配する法則とよく似た法則によって説明できるのです。それは損傷した組織を修復し、神経の力を回復し、肉体を浄化し、傷つけた心を癒し、暗黒化した知性に新しい光を点ずるといった治療霊の計画に基づいて施されるエネルギーの結果として現われてくるものなのです。

この問題に対して科学的に接近すればするほど、私たちはなお一層霊的になってゆくのです。つまり、私たちが自然や霊の持つ諸力についての真の知識を増やすことによってのみ、私たちは自らの道徳性や生活を真理の境界の中にキチンと納めておけるのです。私たちは、何世紀にも亘って聖職者その他によって掘りつづけられた大穴の中から、今ようやく這い上がってきて、イエスのかつて行なった治療は、今私たちが目前に見ているような力《フォース》の使用についての知識の顕現だったということを知ることができるのです。

人類がキリストの教えから学ばなかったということは、彼とその弟子たちをこの世に送った神の失敗ではありません。かれらは自分たちにできる精一杯のことをしたのです。私たちが物質の性質や神霊の存在やそれらの協力を充分に理解できるようになるまでに、二〇〇〇年という時間がすぎ去ったというわけなのです。

病める身体を治療する際の成功と不成功を理解することから、原子エネルギーの秘密を知ることまでは、かなり飛躍があると思われる方があるかもしれません。しかし、究極においてこれらはうまく織りなされて一つの知識体系をなしているのです。

無線やレーダーや原子エネルギーについての近代的知識なしでは、魂や霊的治療の存在と驚異を説明するのは難しかったでしょう。おそらくそのことが真の宗教が長い間衰退していた理由です。霊的治療を可能に思わせるための充分な知識がまだなかったのです。過去における教会は、権力に執着する無知な人間だけでなく、無知な人を奴隷化するための独裁権を生み出してしまいました。神霊の奔出は、芸術世界と改革と寛容の鈍く苦痛に充ちた前進の中にのみ垣間見られたのでした。

私たちは霊的治療の可能性と限界を今まで以上に知るようになったのですから、神霊の働きはこれから大いに前進します。治療努力がなされるときは、たとえそれが不成功に終わったとしても、よい仕事がなされているのです。霊的治療には段階的な進歩があるのです。それはだんだんに進んでゆき、素晴しいものとなり、いつの日か遠い将来には、人間が自分自身と自らの霊的自我を充分に知ることによって、真に自己自身の治療ができる時代がやってくるでしょう。

第十一章　精神治療

霊的治療は精神治療の分野において特に優れています。精神治療は、物質に影響を持つエネルギーを用いて行なう器質的疾患の治療とは全く異なった作用を伴うものです。

日常生活の上で精神治療を理解するのに最も手近なものを見出すとすれば、それはテレパシーでしょう。テレパシーは今日多くの科学者によって証明ずみのものとして容認されています。私たちの意識が神霊からの想念の影響を受けるということは疑いありません。霊的治療は別としても、霊視の存在は明らかに、霊からの指針を受けようと同調した心が、詳細な心的イメージや霊信を受け取ることができるということを示しています。

病気や病状はその原因がなくなるまで治癒され得ないというのは自明のことです。霊的治療はまず原因を取り除き、しかる後に症状が消滅するように働きかけるのです。

このことが、医師によって不治であると判断された人々が霊的治療によってよくなる理由です。ここで読者の皆さんはもう一度、今日すべての医学上の権威ある人々が肉体的疾患は多くの場合、その原因が精神的内的不安定にあるとすることに同意している、という事実をしっかりと心にとめて頂きたいのです。そのパーセンテージは、ある権威者によれば八〇パーセントだとされています。霊的治療家たちはこの割合はもっと高いと考えています。なぜなら、癌などの病気の場合（医師たちは癌が精神的原因によるものだということを認めようとはしないでしょうが）がこの例に漏れないと考えられるからです。

病気の原因が心にあるとき、医術はそれを除去する力を持ち合わせず、それはただ薬物その他によって症状を軽減するのみの強制処置を行ないうるだけです。ですから、いわゆる不治の病の原因が精神的心霊的不調和にあるとき——これは霊界からの修正的影響力によって鎮められ和らげられます——霊的治療はまず原因を除去することによって、不治といわれる身体に効果を現わします。この点から私たちは治療霊によって用いられる手段と方法を理解することができるのです。

人間の心を二つの側面において働く存在として考えることが必要です。一つは肉体的な心で、これは地上的経験、知識の蓄積、身体の快適さ、身体組織の円滑な働きなどとかかわりを持っています。もう一つは霊的な心で、建設的な性格を持つ意識の座です。この霊的な心は、野心、目的および私たちの存在そのものを活性化する第一義的性質、すなわち、愛と憎しみ、親切と冷酷、気まえのよさと吝嗇《りんしょく》、自己犠牲と利己主義などとかかわっております。

二つの心は互いにとても親密な関係にあります。一方が他方に影響を与えます。これらの心の持つ諸性質は高められたり低められたりします。もし肉体的な心が力や欲望の満足を求めることに向いますと、精妙な霊的な心の方が方向を変えてしまいます。他方、肉体的な生活の上で、私たちがよき奉仕に結びつけられるような文字やことばに心を揺さぶられますと、霊的自我が強められるものです。

今次世界大戦中におけるドイツ人の哲学について考えてみて下さい。多くの人々がユダヤ人に対する憎しみを教えこまれ、獣的教義に耽ってしまったことは私たちの記憶に新しいところです。これらの考え方が支配的になった結果、かれらの生命の霊的要素は無力化して頽廃的な状態になりました。このことは生命への物理的な接近が人の霊的な進歩にいかに善悪両様の影響をおよぼすかを端的に例証しております。今日、ドイツ人大衆の意見が戦時中のチュートン的な残虐を否定していることは注目に値します。

反対に、霊的自我からの正しい影響は私たちの生き方によい変化をもたらすことができます。こうした霊的変化が起こるのは私たちにとっては毎度のことです。次のような典型的な例があります。ある女性が、自分の夫が何か分からない理由で人が変わってしまったと手紙に書いてきました。その夫は妻や子供たちに対し、サディスティックで残酷で、しかも悪辣な性質を示すようになったのです。そのため、家族のものたちは彼が家に帰るのをひどく恐れるようになりました。彼女は夫への援助と彼女自身への力と指導を求めてきたのです。私から引き受けたとの手紙を受け取って数日後、幸いなことに、この夫の性質が良い方向に変わってゆきました。続く手紙には、夫が自分の堕落に気がついて、家族に対して償いとしてできることを精一杯したということが書かれていました。暫くたって彼女は夫に、どのようにしてこの良い変化が生じたのかを話そうと思いました。彼女は夫が宗教には少しも理解がないことを知っていましたので、それを言い出すことには不安がありました。勇を鼓してそれを話したとき、夫が言ったのはほんの簡単な次のことばでした。「神様ありがとう」

このような良い変化の起こった例が他にもあります。これもまた前の例に似た家庭哀話なのですが、一家の主人が酒びたりで稼ぎの大方をそれに注《っ》ぎこんでしまい、ほとんど家には入れないという点が前例に付け加わっています。遠隔治療によって私たちは良き影響のあらわれるよう霊界に依頼しました。ある日、男は帰りがけに花屋に飛びこんで花を買いたいという衝動を覚えました。あとで彼は、花を持って帰るなんて自分はなんというばか者だと思いましたが、しかし一方で、そうすることにより湧き上がってくる喜びを感じたということです。家に帰ったとき、彼は何も言わずに花を妻君に突き出しました。彼女は唖然として尋ねました。「いったいこれは何のまねなの?」夫はぶっきらぼうに答えました。「お前にだ」これが一家に愛と幸せの戻った瞬間でした。その後、その男の飲酒の習慣はぷっつりとなくなりました。

この実話を聞いた人は、男に花を買わせたような衝動はいったいどこからやってきたのかと尋ねます。それは彼自身にもわからないのです。それは普段ならば彼がとても軽蔑して受け入れられない考え方だったのですが、実行せざるをえなくなってしまったのです。私たちに言わせれば、時をみはからって治療霊たちが、その男がそうした行為をついやってしまうように、彼の霊的な心を通してしむけたのだということです。

同じようにして、**アルコールや薬物の中毒者**たちは霊的治療に反応いたします。ボーンマスに薬物中毒患者の看護院を開いているある医師が、自分の看ている重症患者がその性格の弱さを克服できるようにと、遠隔治療を求めてきました。結果はすばらしく、医師は治療の開始と同時に状態の好転がみられたことを記録できたほどでした。

このようにして、精神的な不調和の治療は、調和の回復という形でしばしば直接に現われます。しかし間接に現われる場合の方がもっと多いのです。というのは患者は自分自身の欠陥の重大性に気づかないでいるからです。

この種のもので最も治療し易いものの例としては、出産後に母親が心の均衡状態を失う例です。彼女たちは怒りっぽくなり、しばしば夫の存在に耐えられなくなり、また赤ん坊さえ見たくないと言い出します。時として発作の激しい場合は精神病院に収容せざるをえなくなります。この原因は一過性のもので、治療がなされますと速やかに正常に戻ります。

多岐にわたる多くのケースにおいて、欲求不満が鎮静され、慰藉《いしゃ》の与えられたことが観察されました。この種の**被害妄想症**には多くの症例があります。この症状の人々は、仲間が自分に対して誠意がないと疑い、他人が自分を傷つけると思っております。接触するすべてのものが汚れているという妄想でたえず身体を洗っているという人もおります。そしてまた、自分の確認作業に自信が持てず、なんどもなんども再確認を繰り返すという人がいます。

私たちはそれよりももっと悪化して、憑《つ》かれたり、幻聴が聞こえたりする人々や、日々の考え方が過去の経験の後悔で苦しめられている人々を治療しなければなりません。その他**閉所恐怖症**、**外出恐怖症**、**対人恐怖症**、**拒食症**、**赤面恐怖症**などからなる多くの精神性疾患の場合があります。

医師はこれらの人々に対してほとんど何もしてやれません。誰かが善意からするお説教も効を奏しません。患者によっては、電気ショック療法、インシュリン療法、睡眠療法などありとあらゆるおきまりの医学的処置がなされますが、ほとんどの場合効果が現われることはありません。原則として患者の心は鎮静と慰藉を必要としており、電気ショックなどで掻き乱されるべきものではないのです。なかんずく、一人一人が個人的理解を必要としているのです。医師には信用が与えられるべきでありますが、かれらの治療法は限られていて、患者の多くは電気ショックやインシュリンや睡眠療法を施されます。ある場合には、均衡のとれた物の見方の自然回復とか、前途の見通しに満足が得られるとかして正常に戻ることがあります。こうした場合の治癒も医学的処置による治癒に帰せられているのです。

あらゆる型の精神性疾患について明らかなことは、各々の患者がその原因を個別に理解することを必要とする個人的な問題を持っているということです。この内なる心を理解することは、他の人間の想像の範囲を超えたものなのです。精神分析医は質問によってこの原因を探り出そうとしますが、しばしば恐怖心などを顕著に掻き立ててしまうだけで終わります。仮に精神分析医がその原因をつきとめることができたとしても、これといった治療法があるわけではありません。何か有効な助言をすることもできないのです。

心の治療は心が存在するのと同じレヴェルでおこなわれなければなりません。あらゆる精神障害は霊的な心の中にその起源を持ち、霊的レヴェルからのみ援助を受けられるのです。こうしたことが精神の不調和が霊的治療によって癒される理由です。その原因が肉体的な心の中にある場合は、治療力はそれと密切な関係にある霊的な心を通して肉体的な心に到達することができるのです。患者が自分の恐怖や病状を言うことができるのと全く同じように、治療霊は患者の心の中をまるで本でも読むようにはっきりと読み取ることができるのだと仮定してもおかしくありません。それゆえ、治療霊は、正しい想念や混乱状態を修復して、均衡のとれた物の見方を回復する命令を指示することができるのです。

精神性疾患に対する霊的治療の有効性を証明した例としては、**発達の遅れた子供**の心の調整力を目覚めさせ、責任感を燃え立たせ、善悪の判断を持たせることなどを可能にしたという例があります。こうした歪んだ心には、人生を理解する道へと優しく導き、創造的思考を引き出すようにすることが必要です。霊的治療が大きな効果を示すその一方では、両親やまわりの人たちが忍耐強く援助と励ましを与えることが大事なのです。

視力が失われるというような重病の場合、霊的治療が行なう、或る印象を意識が再びよく感じるようにするという助力も低く評価されるべきではありません。一般的に言って、このような治療は迅速に進むものではありませんが、しかし絶えざる恒常的な治療の実施によって、不幸な若者たちが大なり小なり助けられてきたのです。しかしながら蒙古症や白痴などの場合のように、生まれつきの生理学的原因によって子供の本性そのものが奇形である場合には、その子供の本性までが変えられうると言うべきではありません。と同時に、麻痺に起因する**強直性痙攣症**の子供のような場合には、精神と肉体の両面からの治療を組み合わせることによって、しばしばよい効果をあげることができると言えます。

脳卒中などによって引き起こされる麻痺に対して、自己調整力を取り戻させる点においても、霊的治療は目ざましい効果を持ちます。こうしたケースでは、治療の目的は心の方に向けられ、運動神経へのショックと動揺を和らげ、心からのメッセージが神経細胞を通して伝わることによって、もう一度全体的調整作用が回復するようにと働きます。治癒の進行は緩やかですが、霊界からの治療指令が実行に移されることによって、迅速な回復が見られるという多くの証拠があります。

癲癇の治療はもっとこみ入った問題で、この病気の持つ性格によってかなり違って参ります。この病気が両親からの遺伝による場合には完全な治癒は起こりませんが、発作の重さと回数は減少します。癲癇とよく似た発作に悩まされる人がいますが、これは癲癇によるものとは全く異なり、心が意識内でコントロールを失うことから生ずるものと言えます。この種のもので遺伝性のものではなく、ある種の経験やショックから引き起こされたものである場合には、治癒はだんだんすすみ発作が弱まってその間隔が次第に長くなり、ついには正常状態に戻ります。

私が自らの使命として霊的治療に従事しはじめた頃、皮膚疾患の患者の訪問依頼を受け、とてもよく治癒させたものでした。当時私はほとんどの皮膚病は神経の緊張によるか、気質によるか、または挫折の結果によるものであるという強い印象を持ちました。それゆえ数年後に、医学界である種の皮膚病は神経的原因から生ずるという偉大な発見がなされた由の報告を読んだときは、わが意を得たりと思ったものです。

三つの例を思い出します。最初の例は重い**乾癬症**を患っていた若い女性の場合です。彼女は服を脱ぐと皮膚がまるでうろこのように剝落してくることで心を痛めておりました。数週間後には結婚を控えていたのです。治療をはじめると共に、彼女は心の重しが取り去られるのを感じました。彼女は至福感に充たされはじめ、皮膚病は速やかに消えてゆきました。

第二の例は、治療を担当した医師のことばによって例示することにしましょう。

——患者は三年前**顎部毛瘡**として知られる皮膚病にかかった。難治で苦しい病気である。従軍していたので専門的治療を受けたのはほぼ一年後のことであった。（患者は戦争捕虜となっていた）専門家によれば、彼の場合治療開始の遅延があったので、治癒の見通しは遠い将来のことであろうということであった。同僚に尋ねると、「九カ月間治療を受けなかったので、九年以内に治れば幸運だ」との答えである。二〇年近く患者は、ロンドンその他の病院の種々な皮膚科を訪ね歩いた。たまに一時的な軽快もみられたが、顔面の皮膚のただれは癒えず、その範囲は次第に広まっていった。去年の四月、私はこのケースをハリー・エドワーズに依頼した。約二週間後に患者を診察したとき、顔面の傷はきれいに癒えており、傷のあったところには白っぽい跡が見られるだけだった。私が実際に見たエドワーズの他の幾つかの治療例におけるのと同様、治癒は最初緩やかに起こり、それからふいに治癒速度が加速され、傷跡が消滅している。

第三の例は、全身を**発疹**に覆われた少年の場合です。両親はこの少年が生まれて以来の夜泣きで一晩もぐっすりと眠れたことがないというのです。私がこの少年に会いに行きますと、彼は非常に興奮し易いたちで、ちっとも静かにしていられず、何ごとにも長時間精神を集中することができないのでした。私は彼の頭に両手を置いて、彼の心に平和が訪れるようにと念じました。その夜彼は安眠しました。彼の気質に次第に変化が生じ、ききわけもよくなってきました。まもなく皮膚はきれいになり、心のゆったりした朗らかな少年となりました。

これらの症例は明らかに、霊的治療はまず心の矯正からはじまり、欲求不満の傾向を一掃することによって病気の原因を除去してゆくものであることを示しています。

外見上、肉体の病気を患っていて、その実は原因が心の緊張にあるといった患者が、一見物静かに見え、物の見方も落ち着いているといった場合があります。こうしたケースの場合、不安の原因は無意識下のもので、霊的自我の中に表現の欲望が抑えられているといった場合があるかもしれません。芸術などの仕事に従事したいという内的欲求があるにもかかわらず、生活がそれを許さないといった場合がそれです。人生の初期の段階で、不安と恐怖の恒常状態が心に刻みこまれるという経験を持ったためでしょう。

私がまだとても幼いとき、私の父が子供のころ魚の骨を喉にひっかけて、骨を抜き取られるまでに危く窒息しかけたという話を聞いたことを思い出します。その結果私はこれまでずっと、魚の骨に対しては注意深くなり、しばしば私の傍で魚を食べている人のことさえも案ずるというようなことがあります。このことからしても、取るに足らぬことが私の意識に消しがたい印象を残し、そうした心配がないときにも恐怖の感情をよびさますらしいのです。

私たちはまた、ある先祖の生活の上に起きた恐怖の体験が現在に生きる人の人格の中に再現されるということを知っています。これは何も再生の理論を言っているのではなく、両親の生きた細胞中にある遺伝子からの、生物学的情報伝達として存在するわけです。

このような遺伝子的傾向は明らかに医師の処方を越えたことで、患者の霊的自我の中に均衡の感覚を教えこむことによってのみ和らげることができるものなのです。

精神的緊張が肉体的病変を生み出すということの最後の例として、悩みごと、心配、責任などの理由が原因となっていると一般にも認められている**胃潰瘍**、**胃痛**、**腹部異常**などをあげることができます。精神的責任をたくさんかかえた職業の人々が、そうした要素のあまりない生活をしている人々よりもはるかに多く腹部の病気を抱えているということは、統計が示す通りです。

胃その他の病気に関して言えば、霊的治療は一般に、原因を除去するにはもっと時間がかかる場合でも、現在ある緊張を和らげることによって症状を消すことができるのです。治療のこうした側面は、霊的治療における心理学の効用を考えさせられます。患者に対して正しい心理学的な観点から接することはたいへん大事なことです。患者が自己の病気の原因を良識で理解するように仕向けるのです。仕事上の悩みを家に持ち帰らないように忠告します。人生の目的に喜びを見出し、かつ何か余暇の楽しみを持つように奨めます。これらのことはすべて、治療努力が前途の見通しの上に立って静かに進められるのを助けます。

治療中は心の中で良くなるのを信じきって病気の緩解《かんかい》が訪れるのを待つことが大事です。医師がともすれば予測される併発症のすべてを患者に告げてしまうのには賛成できません。これを書いている現在、私のもとにはある女性からの手紙があります。心の病を持っていた彼女の夫は、私たちの治療のお蔭でたいへん満足のゆく状態に治りかけていました。彼の考え方も快活なものになっていましたし、ストレスの症状も明らかに減少しつつありました。がしかし、そのとき医者は、医学的には治っていないなどとずばり言ってしまったのです。この医師は、患者の状態はだんだん悪くなってそのうち寝たきりになるだろう、彼は生涯苦痛と共に生きることを覚悟せねばならない、などと予告したというのです。この不要にして残酷な診断はこの男を絶望の淵に突き落としました。彼は愛する妻の重荷にならなくてはならないという考えから抜け出せなくなってしまいました。不幸にして、これは稀な例ではありません。私たちは、医師が悲惨な未来を陰気に予告したという類似の話をよく聞かされます。霊的治療の意図は、これは医療の場合でも同じだと思うのですが、患者の志気を保持するようにすべきで、これを挫いてはならないのです。ほとんどの医師は、自分たちの患者に心理学的に見て好影響を与えるような接し方をすることがとてもよい効果を持つこと、そして手術前の患者に対してはとくにそれが顕著であることを認めています。

外科手術の成否を決める最も重大な要因の一つは、手術中ないし手術前の患者に与えるショックであると認められております。大手術を前に控えた患者に対し、霊的治療による内的な力と確信が与えられますと、患者は活力を受け取って手術中も元気でいますし、前途に希望と信頼を持ち恐怖心を持たなくなるということがこれまで繰り返し観察されてきました。私たちが患者に霊人からの援助と力が彼と共にあることを確信させ、かつ患者の心がこれを受け入れ、霊人からの心を和《なご》ませ安心させる想念に助けられますと、心配や恐怖心は克服されます。そして患者の心は外科医と協力するようになります。ショックの要素は大幅に減少され、その結果、医師が、患者は予期せぬ平静さと体力ですばらしい手術を受けた、と感想を述べるようになります。そんなわけで、患者は回復に必要な通常の日数より早く退院できるというわけなのです。

内なる心が楽しまないときは、それが肉体の状態にも影響を及ぼすことは明らかです。それは日常生活を覆う暗雲のようなものです。それは身体の活力を弱め健康状態を悪化させます。肉体は諸種の病気、疫病、流感その他に冒され易くなります。前にも述べたように、健康状態を維持するための霊的治療が果たす効果を過小評価してはなりません。治癒の現われる最初の兆候の一つは初期の段階で患者が内的昂揚の感覚を覚えることです。

霊的治療がどのようにして患者の恐怖心と緊張を除去するのかを知ることは大いに意味があります。それは難しいことではありません。ただ「心配するな」とか「宗教に心を傾けなさい」とか言うのでは何の効果もなく、何か別の悩みの種を与えるようなものです。

患者に日常の細々としたことに幸福を見出すように奨めるという、自然で単純な方法により、心の平和や確信や信頼を取り戻させるよう力づけるというのが、私たちの一般的やり方です。

患者に対して、やかんのお湯が沸いたときにはそれに幸せを見出しなさいと申します。隣人が庭の手入れをしているところを見たのならそれに興味を持つこと、また出会う人々に微笑《ほほえみ》をもって挨拶し、自分自身にも微笑みかけることを奨めます。自分の外観に誇りを持ちなさいとも言います。患者が女性ならば、自分の一番よい服を着てラジオの楽しい音楽に耳を傾けなさいと言います。ちょっとばかりお化粧や身づくろいをして、自分に誇りを持ち、夫のためにおいしい晩ごはんをつくってあげなさいと助言します。男性に対してならば、妻と子供にお菓子などを買って帰り、もっと家庭の幸福にたっぷりと耽りなさいと奨めます。患者がそれを実行すれば、「内なる心」を通して霊人から向けられる勇気づけや好影響と協調せざるをえなくなり、その結果もっと陽気で満足感のある人生観を持つようになります。

まさしくこれはよき心理学の応用例とも言えましょう。しかし霊的治療はたんなる心理学ではなく、心理学プラス治療なのです。

眼には見えない霊人が必要な人に治療の想念を送り、その結果として眠りがおとずれたり、精神的苦痛から解放されて恐怖を忘れることができるというのは、思ってみても神聖で心を満たしてくれる事実であります。霊的治療は多くの人に慰めを与え、人生観に希望を持たせ人体に栄養を供給します。この治療を初めて受ける人は多くの場合、新たな生命を授けられたようなものです。肉体的理由によってではなく、心の歪みによって身を前かがみにして歩いていた人が、真っすぐに身体を起こすようになり、まわりの人に魅力的に見えてきます。またある人は、何年もの不幸な歳月を過ごした後に、この治療によって、身体にエネルギーの満ち溢れてくるのを感じ、人生は生きるに値すると思いなおします。こうした治療を受ける人にはあらゆる種類の人々がおります。私たちの生活の基盤をなす全体法則には、人間に対するえこひいきというものはありません。たとえば宗教に凝り固まって暗い生活に呻吟《しんぎん》している人であれ、家庭を牢獄のように感じている女性であれ、夫に優しく世話をする妻であれ、自信と確信を回復した男であれ、法則はそれらの人々に平等に働きます。

　私は、たいへん危険な痙攣性の発作を繰り返し、自虐的に自己を傷つけるところから、精神病院内の自殺防止特別室にいれられていた少女が治癒した例をあげることができます。父親も自殺したいと思っていましたし、母親には子供を傷つけたいという衝動がありました。この少女は夜中長いあいだ眠れず、椅子に坐ったり歩き回ったりして過しておりました。自分の姿形を繰り返し見直す男、毎日何度も自分の手を洗う少女、外に出るのが不安で部屋に閉じ籠り家族からも姿を隠してしまう人々、かれらは皆よくなって楽しく生活しています。治療霊にはいくら感謝してもしたりないほどですが、ここでは今それに触れている余裕はありません。

この仕事に従事する私たちがあの世に行ったあとも長く、人々はこの霊的治療がどのようにして始まり、どのように起きたかについて論議し続けることでしょう。しかし私たちは皆自分たちにできることを精一杯しているのです。

確実に狂人であると認定されたが、それが物も言わず眼にも見えない力によって癒されたという患者の場合でも、決して見捨てられてはならない真理の人類への復活劇に一役果たしています。

この劇はいつかその謎の解かれる日まで演じつづけられ、これまで私たちの知りえたよりももっと幸福な遺産を子孫に与えることでしょう。ここに記録されたものの真理と価値は長く生きつづけるでしょう。

立ち現われつつある未来の世界は素晴しいものですが、今はまだ闇の中にあります。ああ、人類という家族の中に生まれ合わせた以上、当然受ける権利のある光を、人々の眼から覆い隠そうとする人々がまだいるのです。スピリチュアリズムの核心である偉大な慰めと治療と霊的訓えの使命は、これまでは未だ必ずしも充分に人類を正しい道に導いてこなかったと言われるかもしれません。しかしそうではないのです。いつの世にあっても、誤った教えや無知から犠牲者を救おうとして多くの努力がはらわれてきたのです。霊的治療は現代に再生賦活しようとする神の働きの一側面なのです。それが成功するとき、人類の重荷は軽減されます。霊的治療の背後には人類の霊化という偉大な動機が潜んでいるのです。真理である以上、それは永らえることでしょう。

第十二章　信仰治療

信仰治療という用語がしばしば霊的治療に適用されています。これは然るべき理由や認識に基づいたものではなく、世間的な慣用によるもので、主として新聞紙上などに散見します。

信仰治療では病気を治すためには患者の強い信心が必要だということを説いています。それは、「神にとってはすべてのことが可能だ」という宗教的信念、ないし、「創造は完全である。それゆえ不完全なものは心の中にしか存在しない」というクリスチャン・サイエンスと結びついた主張に基づいているのだと思われます。信仰治療は、肉体的な弱さに降服するようなことはしてはならないとか、強く果断な想念を持つことによって病気は克服されうるといった意志の個人的鍛練に基づくものだと言えるでしょう。

それは、「毎日、あらゆる点からみて私はだんだんよくなっている」という積極的な想念指令を用いるあのクーエ療法[9]による心理学的接近法とも密接に結びついています。

信仰治療は明らかに自我の産物です。これはしばしば病気の克服に役立ちますが、しかし霊的治療とは大いに隔たりがあるのです。

他のことばも霊的治療に用いられてきました。教会は神癒（Divine healing）ということばを使っています。ある霊能者はこれをサイキック治療《ヒーリング》と呼んでいます。そしてついに、たとえば超心理療法というようなありとあらゆる疑似科学的種類の名称が出てまいりました。私に言わせれば、どのような名称で呼ばれようとも——たとえば信仰治療という誤った命名がなされたとしても——霊的治療は一つなのです。教会の行なう神癒のために特別な治癒過程が設けられたり、スピリチュアリストが行なう霊的治療のために他の治癒過程があるわけではないのです。治癒に近づき効果をあげるまでの方法は異なっても、同じ治療の分野における一つの手段があるのみなのです。

霊的治療は「霊の科学」です。前にも述べたように、それは人間よりももっと進歩した知識の所有者たる霊人の心によって知的に管理され、個別に計画された行為なのです。

霊的治療が信仰治療ではないという証拠は、信仰を持つには若すぎる赤ん坊や子供が癒されるという事実によって簡単に示されます。さらにまた、治療に反応する人たちは身体も弱り苦痛に堪えかねています。その人たちがよくなるだろうという確かな信念を持つことなどは不可能なのです。そしてまた、第三者からの依頼によって遠隔治療を受けるといった患者も存在します。これは一般に、ある人を助けようとする第三者の善意によって依頼されるもので、ローマ・カトリックの信者や、無神論者のような場合にはこうした援助を潔《いさぎよ》しとしないものなのです。またいわゆる不治の病に冒されていてそれに気づかないでいる人々もおります。これらの人々も治療行為について知っている人々と同じように治るなどということは理屈に合いません。

一般的に言って、遠隔治療もそのことを証明しています。治療者は患者と直接に接触することはなく、その多くは、自分たちの受けつつある治療の効果がどこからやってくるのかも知りません。

もし信仰のみで病気が治るものならば、病院は皆空《から》になってしまうでしょう。しかしどのような信仰もブルーベビーの血液を変えることはできませんし、また関節炎で動かなくなった関節を動かすこともできません。

信仰は理性ではなく、あくまでも信ずる心です。私は溢れんばかりの信仰心を持ちながら、愛する人が重病に陥っても、その回復を思ってみることもできないという人たちに多く出会っています。不幸にして一つの死が訪れたとき、それは深い傷をつくるような精神的ショックを生み出し、憂鬱や絶望を引き起こします。こうしたことが教会の人々には多いのです。というのも、かれらは充分な信仰さえあれば神はかれらの祈りに答えてくれると教えられ勇気づけられてきたからです。そのためにかれらは、愛する人が必ず良くなるという絶対的な信念を心の中につくりあげているのです。実際は、牧師たちによってこんなふうな言いわけがなされます。病人に対してなされた祈りに効果なく死が訪れたのは、まわりの者たちの信仰が充分ではなかったためであると。これは牧師自身が神によって任命された聖職者として、溢れんばかりの信仰心に満ちているべきだという点を無視した言いわけであります。

霊的治療において、信仰はもちろん大いに助けになります。患者が医師を信頼しているとその医師の薬が効きめを現わすのと同じように、それは心理学的効果なのです。

治療院訪問の予約を受けるとき、私たちは予め患者に注意を与えておきます。その内容は、奇跡が起こるとかすぐにも治るとか考えないこと、しかし私たちはできるかぎり霊界の治療援助があるように祈念するのだということ、この二つです。私は、子供の頃小児麻痺にかかったために脚の全く動かなかった若い女性の場合を思い出します。彼女の脚は成長せず、動かそうとする彼女の意志は脚に何の反応も引き起こさないのでした。彼女は親戚の者につれられて万が一の望みを抱いて私たちの治療院を訪れたのでした。私たちはできるかぎりのことをしてみましたが、彼女の脚を動かすことには成功しませんでした。明らかに神経がすっかりなくなってしまっていたのです。私たちが治療を終えたとき、彼女は治療の成功を家で待ちわびている母親に電報を打ってもよいかと尋ねました。このような盲目の信者ぶりには困ってしまいます。これは患者の罪ではないかもしれません。一部の狂信的な人が「ハリー・エドワーズのところへ行くだけでいいんだ。彼が手を触れただけで治ってしまう」などと教えるのです。イエスでさえもすべての人を治せたわけではありません。彼もまた創造の法則に逆らってまで治療することはできなかったのです。私たちは新約聖書の中の次のことばを味わってみるべきでしょう。「多くの人々が癒された。しかしすべての人々が癒されたのではなかった」

ときおり、私は教会の盲目的信者たちが送ってきた手紙を読みます。かれらは尋ねます。「なぜ神は私たちの最愛の人を奪ってしまったのでしょう。あんなにも善良でハエ一匹殺したことさえなかったのに」そして他の手紙には、「私は神への信仰を失いました。なぜなら、私の祈りを聞き入れずお母様を死なせてしまうなんて、愛の神様とも思えません」とあります。私はこんな際にうまい答えを見つけようとしたり、適当な決まり文句で答えようとする牧師さんの真似をしたいとは思いません。死者を嘆《なげ》く人たちは、生命の永遠ということを知ればもっと慰められるのです。そうすればかれらは、愛する人が痛みや苦しみからのがれて大きな生命の中に入り、やがて時が満ちるとき再会がなされるのだということを知ります。

医師たちは治療の成功を信仰と期待によるものと説明しようとしてきました。患者は治りたいという期待を持っているから、良くなるという治療家からの暗示を受け入れる準備ができているのだと言います。このことは逆に言えば、患者はよくなると言ってくれる医師のもとには通わないか、さもなければ、医療が何の効果も示さなかったので医師に対する信頼を失ったということになります。医師たちの主張には幾分かの真理があります。患者は治療家のもとへ治るという期待をもってくるからです。しかし期待と信頼だけですべての病気が治ったり、その原因が除去されたりするものではありません。治療は計画的な知的プロセスの秩序だった管理の結果として生ずるのです。

信仰にひきつづいて、治癒は「暗示」にすぎないという医学的説明がなされます。むろん、治療家は病状の改善を求め、霊界に治療を依頼します。関節炎で関節が動かなくなっている場合を考えてみて下さい。固着状態の消散を求めたあと、治療家は関節の緩やかになった度合いを知ろうとします。そこで患者に、自由になったぎりぎりのところはどこまでか知るために脚を動かしてごらんなさいと優しく言います。しかしもし関節に緩みが生じていなければ、ことばによるいかなる暗示も脚を動かすわけにはいかないのです。

私は盲人を治療したケースを思い出します。これを一九五四年一二月四日発行の『英国医事報』から引用いたしましょう。

J・E氏。——一九五二年六月のこと（霊的治療を受けたあと）、私は突然右目の視力を回復しました。この目は五〇年間全く見えなかったものです。それは最初遠視のような具合に回復し、やがて眼科専門医から、視力は完全で、霊的治療はまさに奇跡だと言われました。その眼科医は診断結果を次のように言いました。「視力は完璧。眼球は清浄で輝きがある。素晴しい状態で霊的治療による有害な影響は全くない」

しかし、眼科学の権威者は次のようにコメントしている。

「奇跡ではない。これは白内障で水晶球がずれていたケースである。古い発窩《はっか》術＊10の手術でやったように、水晶球の位置が後方の硝子体の方へずれていたのであり、それは、激しい運動や不意の動作のときに起こることがある。発窩術によって引き起こされた機能的盲目が、暗示によってもとにもどり、見よ、という励ましによって見えはじめたものではないか？」

信じようと信じまいと、英国医師会の公式機関誌に暗示効果のほどが、五〇年もの間の全盲状態の後、ただ「見えます」という暗示だけで視力が回復したとまじめに主張されたのです。白内障によって視力がなくなり、半世紀もの間水晶体がずれこんでいたが、それを治すためにやったことはといえば「見えます」という暗示だけで、しかもそれがうまくいったというわけです。それならば次のように尋ねられるのが適当でしょう。「いったいなぜ、眼科医はもっと早くそれをしなかったのでしょう――なぜ五〇年もほっておいたのですか?」と。真実は、その人が治療院へ霊的治療を受けに来て治ったということ、ただその事実の中にあります。このことは白内障を消散させること、視力の回復のために、水晶球を再調整することによってのみ可能だったのです。明らかに視力の回復は暗示の結果ではありません。盲目の原因を除去するという計画的な意図が果たされたためなのです。

以上のように、霊的治療は「信仰治療」とはかなり隔たりがあります。「信仰治療」ということばは、霊人による治療の場合には用いられるべきではありません。

第十三章　器質性疾患の治療

一部の医師たちは、霊的治療は神経症や精神障害には有効だと認めますが、器質性疾患を治すことができるとは認めようとしません。この態度は事実を無視する偏見からくるものです。事実をみれば、私たちの経験の中で、霊的治療によって大なり小なりの効果を現わさない病気というものは存在しません。一つだけかなり難しい症例をあげるとすれば、それは指が腱の緊張によって曲がってしまっているケースです。

伝染病、とくに結核のような場合には、きわめて速やかに霊的治療により治癒いたします。内臓の不調、あらゆる種類の腫瘍、麻痺や構造的奇形などはすべて治療に反応いたします。骨折、火傷、静脈瘤、潰瘍、感覚器の病変および機能低下など、これらは皆、霊的治療で治しうる病気です。

右のことは幾千にものぼる綿密な証拠や医学的な見地からも支持される妥当な主張であります。もし私たちがいったい何人の器質性の病気を持った人を治癒せしめたかと問われるならば、その数はとても数え切れぬほどだとお答えする以外にはありません。過去一〇年間というもの、私は毎年平均七〇万通近くもの治療依頼の手紙を受け取ってきました。最初、私が遠隔治療をはじめたときは、およそ週二〇通ぐらいのものだったでしょう。この数は次第に増え、バローリーに治療院を開いたときは週四〇〇〇通にまで達していました。それからの増え方は一定した増加率で増えつづけました。去年の実数は六七万三、四四五通にのぼっています。これらの手紙の中の多くのものが器質性疾患に関するものです。この遠隔治療依頼の数の驚くべき増加は、治療の成功、なかんずく、不治といわれる病の治療によるものです。もしこの驚くべき数の成功が実際になかったならば、治療要求は減少し消えてしまったことでしょう。その反対に成功例が広く知れ渡ったので、この治療院のことは家庭の主婦の常識とさえなったのです。

これらの治療依頼は英国のみにとどまりません。鉄のカーテンの向こうの諸国を除く世界中のあらゆる国から手紙が来ます。昨年は七万枚以上もの返信用の航空郵便用箋を郵便局から買い求めました。

患者たちは、ほとんど年間を通して、週のうちの三日間の午後、治療院を訪れます。

そのとき私は同僚治療者たちの助けを借りて直接治療に携《たずさ》わります。このようにして毎年五〇〇〇人か六〇〇〇〇人の人がシェアにある治療院を訪れるのです。治療院が開かれてから一二年間の間に約六万から七万人の人がそこで治療を受けました。患者以外の友人とかその他の訪問者が加われば、訪れた人の数は十万人を優に越えることでしょう。これもまた成功の証拠です。治療を求める人は英国のあらゆる場所やもっと遠くから、地球の果てからもやって来たのです。ニュージーランド、オーストラリア、カナダ、アメリカ、南アメリカ、そしてヨーロッパ大陸などからです。

直接治療の申し込みはたいへん多いので、申し込み者のうちのほんの一握りの人にしかお会いすることができません。選択の仕方は単純です。直接治療によって大いに効果のみられる肉体的な病気の人から選ばれます。精神障害や神経症の方は遠隔治療の方がよりよく反応しますので二の次にいたします。

霊的治療によって器質性疾患が治療されてゆくことがこれで分かったと思います。最も疑い深い人にとっても、最近における霊的治療の発達普及は、現在この世において実際に有効な超常的な力があるということを明らかにするでしょう。

これまで私はシェアにおける私たち自身の仕事についてのみ書いてきました。しかし英国には教会や家庭の中でその治療使命を果たしている数千人の治療家がいます。これらのすべての治療家たちは、霊的治療の効果が各患者の上にまぎれもなく現われるのを目撃していると、ためらわず言うことができます。そうでなければかれらはやっていけないでしょう。また患者はかれらのもとにゆかないでしょう。

二年前、治療運動を組織しようという努力がなされ、英国霊的治療家連盟（*National Federation of Spiritual Healers*）ができました。現在会員は二〇〇〇人を超えており、なお着実に増加しつつあります。

霊的治療の仕事は奉仕によるものです。大部分の場合においていかなる費用も要しません。シェアにおいては、私たちは治療の費用を決して請求いたしませんでした。仕事の対価と治療院の維持費は治療に対しての感謝の寄附金によって賄《まかな》われてきました。霊的治療の背後にある動機は、同じ神の御許にある人類同胞に対する愛と奉仕のそれでであります。もし治療行為が商業化され、企業化されるようなことがあれば、治療能力そのものが損傷を受けることは常識でも想像できます。

治療はお金では買えません。料金を取らないもう一つの理由は、そうしてしまうと、貧乏人、年老いた年金生活者、収入のない孤独な病人たちが治療を受けられなくなってしまうからです。シェアにおいては、これらの人々にまず一番に言われるべき規則があります。すなわちそれは、「寄附をすることが負担に思われるときは、どうぞなさらぬように」です。

読者の皆さんにはとくに霊的治療が器質性疾患の治療に良い結果をもたらしていることを評価していただきたく思います。今日英国における霊的治療の力は強く、いかなる既得権益者からの反対も怖れる必要はないまでになっていると判断されます。病気が治って幸福が戻った人々の家庭内において、それは不動のものとなって輝いているのです。

霊的治療が病気の排除にどのように役立つかを考えてみることは意義のあることでしょう。二年ほど前、わが国はアジア型流感に襲われたことがありました。英国民は他国民に比して被害を受けることが少なかったのですが、多くの学校や工場が閉鎖されるほどには流行いたしました。幸いにも、私たちはこの流感の接近を数カ月前に知らされましたので、準備をすることができたのです。私たちはわが機関紙『スピリチュアル・ヒーラー』と各手紙への返事を通じて、この病気を防ぎとめることに協力していただくようお願いしました。私たちは、アジア風邪の症候を見つけたり、それにかかった人がいるときは直ちに知らせて下さるようにとお願いしました。その結果、私たちの得た情報によれば、この流感が猛威をふるった地域、とくに英国中部においても、私たちの患者の中の犠牲者はほんの僅かだったのでした。

この悪性の流感のために医師の治療を受けた割合は全国平均で一五パーセントでした。しかし私たちの治療下にあった人々の罹患《りかん》率は一パーセントにも充たなかったのです。ある女学校長は、その学校の先生方の保護を求めて手紙を書いてきました。その地域の他のすべての学校が閉鎖されたにもかかわらず、彼女の学校だけは授業が続けられ、罹患した先生はほんの僅かなのでした。これはありえない話と思われるかもしれませんが、事実なのです。そしてこのことは今まで全く理解されていなかった治療の一面を示しています。すなわち、**霊的治療の予防的機能**ですが、これについては後に詳しく説明することにいたします。

もっと小さな規模においては、風邪にかかり易い患者が、とても寒い冬の間、元気で風邪をひかずに過ごしたという調査例はいくらも報告されているのです。

結核は霊的治療で容易に治すことのできる伝染病の一つです。治療のはじめから一貫して顕著な効果の現われぬ例は珍しいのです。報告書に見る最初の兆候は体温が正常になったということです。そして次にツベルクリン反応が陰性になり、結核が治癒したことが示されます。このあと体力の回復期が訪れ、身体の力が生じ、体重が増加します。患者の急速な立ち直りはしばしば医師に疑念を生じさせます。たとえば、霊的治療前のX線検査は肺に一、二の空洞があることを示していますが、治療後のそれには跡形もないか、もしくは、肺臓の状態が全く変化して傷跡のようなものを残した状態になっています。医師が困惑するのも無理はありません。多くの場合、トノグラフがとられ、さらに空洞を発見するための精密検査が行なわれます。私はわけの分からなくなった医師が次のように言うのを聞いたことがあります。「うーん。どうも姿を隠しちまったとしか言いようがない」

結核が霊的治療によって癒される方法は、医師と治療家のあいだの協力からよい結果が生ずることをよく示しています。医師は、私たちがそうしているように、良い結果を期待することを学ばなくてはなりません。私は、超常的な治癒が起こったあとに、医師がその変化を理解できなかったばかりに、最初に処方した通りの手術をそのままやってしまった例をいくつか思いおこします。しばしば思い切った手術が予防的な処置として今でもおこなわれています。他の例では、肺の中に空洞が見られ、そこが死んでしまっているのに、その状態維持のための空気補給が規則的に続けられるといった場合もあります。

霊的治療によってX線がもはや空洞の存在を示さなくなったときでも、時として医師がカメラによる証拠を認めず、規定通り二年間ほどは肺に衰弱状態が残っているはずだと言い張る場合があります。もし患者や身内の人が、霊的治療を依頼したことを必ず医師に告げていたとしたら、これまでに医師がその事実を認めざるをえないような膨大《ぼうだい》な証拠が獲得されていたことでしょう。不幸なことに、大部分の人は医師に霊的治療について話すことを恐れているようです。それは医師の側の反発を恐れているためです。このことは医師という職業に対する、人々の考え方からくるものかもしれません。というのも人々は医師を畏敬し恐れる気持を抱いているからです。かれらは医師から脅かされたり皮肉を言われたりするのを心配しているのです。警察官が人々から恐れられていた時期があります。両親が悪さをする子供に対し、「お巡りさんに言いつけますよ」と言っただけでも脅しになったものです。こうした脅かしは今日では意味がありません。警察官は子供にも大人にも親しみのある存在になっています。かれらはもはや恐しい人ではなく、頼りになる友達と考えられているのです。

医師もまた同じように見なされるならば、その職業はあらゆる人々にとってもっと好ましいものとなるでしょう。しかし残念ながら現状ではそうではありません。しばしば治療家は患者から次のように聞かされます。「医者は私を入院させて手術するかもしれません。だから、医者のところへ行くのが怖いのです」私たちはこうした考えをさせないようにと努めます。そして医師の助けをできるだけ求めるようにと患者に繰り返し助言いたします。

文明のもたらした病の一つである**小児麻痺**が重大な関心をよんでいます。多くの人がすぐに治ってしまう程度に軽くこの病気にかかると言われています。様々の種類のワクチンでなされる予防注射の究極的価値がどうであるかは今のところ定かではありません。しかし道徳的に言えば、人類が毎年何十万匹ものやや劣った仲間たち（猿）の苦痛にみちた死から利益をえているのは、決してよいことではありません。原則として、霊的治療家は病気がしっかりと固定してしまうまで依頼を受けませんし、その結果生じた病弱の状態を除去するように頼まれるまでにはかなりの年月が経過しています。小児麻痺の疑いのある患者から治療を求められたときは、たいていその後の病状は進展いたしません。これを治癒の証拠だと言うわけではありませんが、しかし事実は記録されるべきです。病気の存在がはっきりしていてまだ慢性化していないときには、治療と共に病気は速やかに除去されます。そして重要なことは、麻痺が起こらずにすむということです。

さて、この病気がすっかり慢性化して、生命の維持も脅《おびや》かされるようになり、患者は酸素テントや鉄の肺に入れられるという極端なケースもあります。このような場合には成功の確率は高くありません。しかし私たちはこの場合にも、医学的予想に反して回復が起こることを知っています。医師と治療家の実際面における連携があれば、この病気の予防と治療にかなりの成果をあげることができるでしょう。そうすれば、ヒューマニズムの名のもとに猿やその他の動物に対して犯す恐るべき処置をしないですむことでしょう。

他の伝染病——胃腸系、血液系統の病気、腐敗性の壊疽《えそ》などにも霊的治療は有効です。

治療霊はいつでも、感染箇所を局部化し、身体知性を通して血液や腺の中の抵抗力を盛んにして、ビールスその他侵入者を除去することができるのだと考えられます。治療霊はまた、細胞の構造を成す化学的、原子的要素を変化破壊するための破砕力を加えることができます。

一つの治療形式と他のそれとの間にはっきりとした区別はありません。細菌の感染に立ち向う方法はほかの癌のような病気の治療にも適用されるのです。

癌の治療について考える場合、回復がなされる前にまず原因の除去がなされるべきだと考えなくてはなりません。癌の研究は五〇年も続いています。二〇〇〇万匹もの動物がこの実験のために死にましたが、未だその原因は究明されていません。英国癌撲滅運動の議長は言っています。「癌の根本原因は依然として捉えがたい。癌の原因は何かという問題が未だに問題になっている……女性の乳癌や男性の胃癌の根本原因は解明されていないのだ」不幸にしてこの状態は今日も変わらないのです。

一九五五年に私は書いたものです。「癌の原因は特殊な感情や精神的不安定および個人の内的自我における不調和に起因しています。それらが腺の混乱をきたすところから癌は生ずるのです」私はまたこうも書きました。「ほとんどの乳癌患者には、精神的ストレス、たとえば性交渉に対する嫌悪、子供がほしいとかほしくないとかいった願望、生まれて来る子供を避けたいとする感情、不愉快かつ不健全な（しばしば母性としての）人間関係などが見受けられます」

アメリカにおいてこの種の理論に基づいた調査が幾つかなされ、私の理論の正しさが確かめられました。シカゴのある病院で乳癌の手術を受けた四〇人の女性が詳しく調べられたのです。そのときの報告書はほとんど私のことばをそっくり述べています。すなわち、その女性たちには「同じような個性と行動様式がみられた。彼女らは性交渉に対する嫌悪感を持ち、ほとんどの女性が子供をほしがらず、また彼女らは、外的親密さの見せかけとは裏腹に、母親との良好な関係を持っていない」

ここに同じ報告書からの他の引用があります。「白血病に冒される人の大半は成人である。多くの白血病患者に親しく接してみたところ、そのほとんどが人生に悩みを抱えていた」

わが国では多くの指導的医学者が現在同じ見解を発表しています。ヘーニッジ・オウグルヴィー卿はこれについて古典的見解を述べました。「幸福な人は癌にならない」

と。

それゆえ、結論としては次のように考えられます。癌は人間の霊的不調和が原因となるので、それは原因の存在すると同じ霊的次元すなわち霊的治療によって、有効に処置されうるのであり、医学的処置によっても、そうした心の乱れは除去できない、と。

次のことが言えます。治療目的は第一義的には予防的なものです。このことはあとになってもっとよく説明されるでしょう。つまり霊的治療は癌を生み出すもとである内的自我の苦悩をとり去るのです。そして最後に癌そのものを除去し消散させます。消散の過程は他の種類の新生物《しんせいぶつ》すなわち腫瘍、嚢腫《のうしゅ》、類繊維腫《るいせんいしゅ》、甲状腺腫などに適用されるものと同じです。

医師の見立てによれば助かる見込みのない第三期の悪性癌が、治癒したという例はたくさんあります。これらの例のうちの典型的なものは、停年を一年後に控えた郵便集配人の事例です。彼はそれまでいたって健康でしたが、不意に何の予告もなく腹部に激痛を覚えました。そのときはすでに転移の進んだ癌で手術もならず危険な状態でした。彼の腹はそのまま縫い合わされてしまいました。それから霊的治療が依頼されたのです。すると彼は手術結果からすぐに回復したばかりではなく、癌の徴候もすべて消え去ってしまったのです。彼のかかりつけの医師は、外科医の報告を聞いて、患者は死ぬものとばかり思っていました。息子が医師に、父は霊的治療を受けたのだと話したときは、もはや何の痛みもなく、腹部の腫れはひき、体重さえ増えてきていました。ですから、モルヒネ注射の必要はなかったのです。しかしその医師は宿命論者のように答えました。「お父さんはいずれ死ぬのだよ。癌で死ぬかモルヒネ中毒で死ぬか、どちらにしても同じことだ」と。

癌治療についての私の考えはと言いますと、かつて『癌治療の証拠』という本を私が出したとき、その中に、四年間にえられた新生物の超常的治癒例二八一余りの中から、抜粋掲載したことがあります。それは一九五三年のことでした。そのとき以来この好記録は維持されているばかりではなく治癒の頻度は高くなり、その質も、智慧と経験と実際への適用によって改善されてきております。

癌消散の方法はすでに第九章で扱った「治療エネルギー」のところで示した通りですが、消散過程は治療霊の用いる破砕力によって起こり、その破砕力は病細胞の生命維持に必要な原子組成を破壊するのです。この場合癌の除去は一般に速やかなものです。第二の手段（これについても前に述べましたが）は、癌細胞を残余の健康細胞から分離して、排泄器官や吐瀉を通して体外へ排出してしまうことです。一度の例外を除いてはすべて、何らかの検査の行なわれる以前に排便がなされてしまったのは残念なことです。たった一例だけ、便が分解された内容物を含んでいることが確かめられた例があり、これは私たちの治療プロセスについての見解を確証するものです。他の患者たちの場合では、脇の下や足からの発汗作用が猛烈になります。この凄まじい発汗現象は数日間続き、皮膚の炎症やただれを引き起こします。それと共に癌の症状は消えてしまうのです。

　癌が消散してゆく過程は一般には徐々に進行するのが観察されます。とくに乳癌の場合にはいつもそうです。乳癌の直接治療の場合は、治療家は腫瘍の密度が変化したたと感じます。それは次第に柔らかく、形が小さくなり、柔軟でただよう感じになってきます。遠隔治療のときにも消散はだんだんと進行してやがて消えてゆくのです。この手段では癌の内容物が徐々にではあるが着実に破壊され、血液を通して排出されてゆきます。私たちはすべての場合にうまくゆくというわけにはいきませんが、治癒する場合の数はかなりのものです。

私が癌治療に興味を持たせようとしたある医師（うまくゆきませんでしたが）は、結果を否定してこう言いました。もともと癌ではなく、たんなる乳腺炎による嚢腫か腫れものの類であり、同僚が誤診したのだと。（霊的治療によって癌が消散したとき、医師が自分の診断を変えようとしたり、誤診のせいにして同僚の評判を傷つけても平気だというのは興味あることです）たまたま彼は乳房全摘出の手術が行なわれた（乳房の中の塊が癌と診断されたからですが）多くの事例において手術は不必要だった、と認めました。なぜならそれらは癌ではなかっただろうというのです。

腹部の癌の場合には、治療家は直接治療において、癌の消散の起こる過程で、緊張や腫れが破壊され減少してゆく様子を眼で見ることができます。

霊的治療が回復をもたらすかどうかは場合によります。末期的な癌が超常的な手段であっという間に癒されると、それは法則にのっとっているのではなく、例外的な現象だと言われるに相違ありません。しかし霊的治療で初期の癌が治癒する確率はもっとずっと高いのです。

残念ながら、癌が進行して体力が非常に低下してしまってから治療家のところへ来ることがほとんどなのです。食物は摂取されず、抵抗力と体力は低調になって、死に至るまでの日は幾日もないといった状態です。こうなってしまいますと、ほとんど回復は無理なのです。しかしながら治療をはじめた日を境にして、患者は痛みや苦痛の感覚を覚えず安眠いたします。

白血病は血液の癌であり、医学的には不治とされています。成人に関しては完全治癒の割合は低いのです。しかし、数年に亘って患者の生命が格別の苦痛もなく維持されたというような証拠は増えつつあります。この病気にかかった子供の例では、成功の確率はもっとずっと高くなります。これを書いている今も、多くの少年少女がすばらしい回復を見せております。しかし今のところそれが仮のものであるかどうかは分かりません。というのは、病状のぶり返しがよくあると言われているからです。ここに最近の手紙から引用をいたします。「私の息子は以前よりずっと元気で活力に満ちています。今日、専門医の診療を受けました。息子はもう一度彼に会えてうれしそうでした。脈拍は一一〇でした。医師たちは皆息子と会うのを喜びます。かれらは、私の息子がこの病気にかかって二〇カ月の間に、ここに入院して来た白血病の患者をすべて死なせてしまっているからです。ほとんどの患者は二週間以内の間に死んでしまいます。確かにこれが薬のお蔭ならば、他の患者たちも息子と同じようによくなるはずなのです」

一つの白血病治癒例をお話ししたいと思います。私はそれを大司教が指令を下した委員会報告から引用いたします。この話は一九五二年から始まるのですが、ここでは病状が重大な局面を迎えた一二月一三日、ロンドン病院の一医師がある少年の病気を成人に見られるタイプの白血病だと診断したところから追ってみたいと思います。この症例は全く不治とされました。少年は他の病院に送られ、その専門医の一人の治療下におかれたのです。

一二月一六日に父親が医師に会いに行きますと、この医師は慢性の脊髄性白血病であると確定診断を下しました。医師は父親に回復の見込みはないと告げました。強いX線照射をやってみることもできるが、それは少年に不必要な苦しみを与えるだけだろうとも言いました。病状の一時的軽減を計ることは高くつき、結局は死ななければならないというのです。

これが一二月一六日の状態でした。少年の病状に望みがあるとは全く考えられませんでした。一二月一七日、父親は一人の友人と会いました。その友人は父親に霊的治療の話をし、父親の許しをえて、私のもとへ遠隔治療を依頼する手紙を書いてきました。この手紙は一二月一八日に受け取られ、遠隔治療が開始されたのです。一二月一九日。この日がとても危険な日でした。しかしこの日から少年は良くなっていきました。医師が父親に語ったところでは、彼は午後四時頃に、少年にちょっとした異変の起こっていることに気づき、X線写真を撮ったということです。

一二月一九日から年始にかけて、日光浴治療を受けてだんだんと少年の病状はよくなりました。一月一一日には白血球の数が以前の半分に減っていました。一月二四日には少年は帰宅を許されました。脈拍も正常値まで回復していたのです。三月一〇日には少年は学校に戻りました。それからの病院での月一回の検査では、脈拍は正常で、その状態は一九五三年いっぱい続き、その後も順調です。

この件が大司祭の委員会宛調査のために送られたことが分かったとき、医師が派遣されて両親にこう忠告しました。病状の一時的軽減の期間はもうすぐ終わりになる。少しでも再発すれば希望はない。そうしたら少年はもう一度X線照射を受けてみるべきだろうと。霊的治療の行なわれていることを知った医師が、少年の回復をX線照射のせいにしたことは注目されます。彼はこの病気にかかって治癒した例は医学的記録の上で皆無だ、と父親に言いました。X線照射によって二年ないし三年間病状の軽減が続いた例が一つか二つあるだけだと。もし三年間無事に過ごせれば、少年の例は例外的ケースになるが、医学的見地に立てば二年後に少年の病は再発する、そうすれば彼の生命はそのあと六カ月以上はもたないはずだと言いました。

七年たった今でもこの少年は元気でいます。この例を検討した白血病のある権威者は、脈拍の不調は今では無視しうるほどだと言っています。

ある人の背中や脚に痛みがあるとき、これを**椎間板変位**のせいだとする診断が流行しています。これはかって、疝気、座骨神経痛、繊維組織炎、リューマチなどと診断され、療法が原因に対してではなく、症状に対してのみ行なわれていたことに比べれば一つの進歩だと言えます。治療家は痛みの症状は脊椎に原因がある場合の多いことに気づいています。ごく普通の原因としては、腰部や肩や首の後ろのところに痙攣や緊張の起こることが原因ですが、それがしばしばそうでもないのに椎間板変位のせいにされるのです。多くの治療家にとって椎間板変位のある椎骨の修正や脊椎の矯正はいとも簡単にできることなのです。治療家が手を問題の背骨の上へおき、固着が緩むように祈念しますと背骨は柔軟性を回復いたします。これがなされますと背骨の各部分から分岐する神経への圧迫が除去され、背中や脚の痛みの症状はすぐにも消えてゆきます。

霊的治療家は医師との協力を歓迎します。しかし痛みや固着のある関節の処置に関しては両者の間に基本的な意見の相違があります。医師は安静を勧めます。またリューマチや関節炎にも脊椎のときと同じように安静がよいと言います。その結果は固着する条件が重なり、しばしば関節炎の骨化現象が起こり、二度と動かなくなってしまうのです。実際のところ痛みは防がれるのですが、それは治癒ではありません。霊的治療家は、この状態のもっともよい処置は固着の消去であると確信し、ゆっくりと力を入れずにできるだけ動かし、関節の緩みがくるように祈念し続け、関節の緩んできた分をせいぜい利用するようにと患者を励ますのです。むろん力や圧力は決して加えません――誰も力によって治療する人はおりません。こうしてよき変化が現われるにつれて病気は克服されてゆきます。それのみか治療に痛みは伴わず、椎間板変位や関節硬化からくる非常な苦痛もなくなってしまうのです。

腕や脚の関節炎の患者の場合、動かした方がよいと判断したときには、医師ならばまず、麻酔によって痛みを感じさせないようにするでしょう。そうしなければ患者はとても苦痛に堪えられないからです。霊的治療は全く痛みを伴いません。障害物がなくなれば関節も脊椎も治ります。私は何千という痛みの激しい関節を治しましたが、痛みを僅かでも感じさせたことはほとんどありませんでした。心理学もこれには役立ちます。患者が医師のもとを訪れるときは、医師や看護婦が何か痛みのあることをやるに違いないと患者は思っています。しかし、同じその患者が霊的治療を受けるときは、治療家は痛みを引き起こさないと知っています。それゆえ、自分自身を治療に委ね、身体や四肢をリラックスさせます。かれらは治療家に「身体を委せる」ので、筋肉が強張《こわば》ったり収縮したりしないのです。

　公開治療サーヴィスの場で、慢性関節炎であることが明らかな患者が壇場にのぼって来るとき、その両手はたいてい包帯で結《ゆわ》えられています。患者は人に助けられ、足を引きずってようやく歩いてきます。両腕ともほとんど動きません。治療の実施に伴って、関節に緩みが戻り、腕は上方に、そしてやがてあらゆる方向に自由に動くようになります。手首が柔らかくなり、指も曲げることができます。こうする間に私は、デモンストレーションの一部として二つの質問をいたします。第一の質問は、「こんなふうに腕を動かせたのはどのくらい前のことですか？」通常の答えは、「思い出せないくらい前のことです」。第二問は、「もし誰かがこのようにあなたの足を動かそうとしたらどうなりましたか？」これもまた、「痛くて非鳴をあげたことでしょう」というのが普通の答えです。

脊椎そのものに戻って言いますと、治癒の進み具合は、患者が病気になって椎骨が硬くなり、いわゆるポーカー・バックの状態になってからの時間の長さによって異なることが明らかです。このことは関節の間のクッションの役割を果たす皿がすっかり変形して、ほとんど消滅してしまっていることを意味します。が、ポーカー・バックの状態に動きの自由が戻るとき、関節が互いにこすれ合うときの痛みやすれ合う音がないのは、霊的治療の神秘の一つです。あえて推理すれば、障害物の消去と共に、内椎骨の皿が同時に機能を回復するということでしょうか。

しばしば幼児期から存在する、いやもっと遡《さかのぼ》って誕生のときからの小児麻痺や汎性硬化症からくる**脊椎湾曲**にも霊的治療は効きます。仮にこの湾曲が軽いものであれば反応は速やかに現われるでしょう。湾曲がひどくいわゆるS字型で腰椎が一方へすっかり曲がっており、また背骨が肩甲骨の下で曲がっている場合などには、矯正は漸進的で、一連の処置を必要とするでしょう。言うまでもなく、このような症状は医学的に見れば不治とされるものです。

椎間板変位とか痙攣のある脊椎の病気が、霊的治療によって治ってゆくことを医師に見せるため、英国医師会に招待状が送られたことがあります。医師たちにはこの病気の患者を集めてくるようにと要請がなされ、と同時に多くの治療家が集まって治療プロセスを実演して見せようという計画でした。多くの治療家が招《よ》ばれた理由は、背骨を治療することはごく普通のことで、特定の治療家だけに恵まれた能力といったものではないからです。この実験は医師の眼前で行なわれ、危険は何もないこと、多くの好結果が生ずるはずだということが医師会に知らされるはずでした。この提案が受け容れられなかったことはいうまでもありません。「なぜ?」当然尋ねてみたくなるケースですが、おそらくは、職業上の政策から英国医師会は、治療家を通して霊的治療の力が明らかにされると考えてみることさえ拒否したものと思われます。

脊椎の椎間板変位の場合には、医学的処置としては普通患者を入院させることになります。そこで患者は一、二カ月動かないようにされ、脊椎が自己調整によってもとへ戻るのを待ちます。これらの成功率は高くありません。これらの療法や整骨医による指圧が効を奏さないときはいよいよ外科医が登場いたします。外科医は靭帯突起物を切るか、もしくは脊椎の動きを完全に止めるために添木《そえぎ》の形で背骨の脇に骨の小片を接《つ》ぎ木するかの処置をいたします。明らかにこの最後の処置は治療ではなく、病状への降伏です。

脊椎の病気が霊的治療でよくなるということは、次にあげる二つの例でその理由が明らかにされるでしょう。その一つは大司祭の委員会に提出され、大司教の指示による英国医師会の特別委員会へ調査の付託がなされました。第二の例は霊的治療の永続性を示すものです。

最初の例は、脊椎の損傷によって椎間板変化を引き起こしたウィリアム・オルセン氏の例です。彼は病院に入院して通常の療法を受けましたが、効果がありませんでした。彼の状態は悪化して、常々苦痛を伴い、眠ることも食べることもできず、衰弱し、麻痺がはっきりと現われてきました。とうとう、彼は全身にギブスをされて不治の患者として家に送り返されたのです。痛みを和らげるための薬だけが与えられました。苦痛のあまり、彼は妻と息子にギブスを切り取ってもらいました。次の朝（それはたまたまクリスマスの日でした）、彼は車に乗せられて治療院につれて来られたのです。私は脊椎の調整を霊界に求めました。三分でこれは終わりました。オルセン氏はまっすぐに歩くことができました。そして背を曲げて手を足の爪先に触れさせることができたのです。痛みはすっかりなくなっていました。彼は家に帰ってぐっすり眠りこんで力をつけたあと、クリスマスを祝ったのでした。大司祭の委員会は彼の回復の医学的認定を要求しました。が、オルセン氏の求めにも拘らず、医師はこれに応じませんでした。そこで私は英国医師会にこれについての調査をすすめるよう要請したのです。ついに英国医師会は、この患者をみたのと同じ病院の外科医によって面接が行なわれるよう手配しました。外科医は治癒が完璧であることを証明いたしました。しかしこの医師は、治癒の起きたのが一八カ月も前のことだという理由で、霊的治療がそれに役割を果たしたという言明はしませんでした。一九五三年の三分間の治療以来、オルセン氏にはいかなる病変もありません。

第二の例は、子供の頃の**脊椎骨折**がだんだん悪化の徴候を見せていた一女性の場合です。四〇年間彼女は病院に通い医師の手当を受けました。しかし何の効果もなかったのです。それどころか彼女の脊椎は湾曲してしまったのです。X線写真は次のことを示しています。(私はこれを医師の報告書から引用します。)「脊椎部位——脊椎の四番、五番、六番のところで大きな脊柱後湾症が起きており、三番、四番、五番には部分的損傷とV字型の凹みがみられる。これとつながった柔かい椎骨の繊維が病変を起こし膨れあがっている模様。見たところ古い脊椎カリエス。腰椎および骨盤部位——腰椎下部に年齢による変化あり。椎骨四番、腰椎五番、仙骨一番の椎間板部位に狭窄ある模様。」

時が経つと共に彼女の状態は変化し続けました。痛みがたえずあり、麻痺は脚にやってきました。彼女は二本の杖に支えられ、身体をすっかり前かがみにして、片足を引きながらゆっくりと歩くのがやっとでした。これが四〇年間の医療の成果だったのです。彼女は治療院にやって参りました。例によって三分から五分程の調整処置が行なわれました。その結果、彼女はまっすぐに立つことができました。佝僂の症状は消え、背骨はちゃんと伸び、痛みからも解放されたのです。彼女は杖を捨てて、まっすぐに歩けました。一九五一年のその日以来彼女は何の患いもなくなりました。他の病状、たとえば弱視のようなものも同時に治ってしまったことは注目に値します。この結果に感謝して彼女は自分の家に治療院を設けたのでした。彼女の例を扱った医師の委員会は事実を確かめるために彼女に会うということさえもしませんでした。病歴のカルテや霊的治療の前と後での状態を示すX線写真さえとり寄せようとはしなかったのです。

麻痺が、腰部うっ血を伴う脊椎損傷や小児麻痺のときのような神経疾患ないし汎性硬化症に伴う神経への鈍い圧迫から生じているとき、霊的治療はしばしば身体に調整と制御の機能を回復させることができます。原則として繊維組織に消耗があるときはとくに時間がかかります。というのも治癒のためには神経細胞の健康状態が活気づけられなくてはならないからです。私たちはいつも患者に対し、私たちに協力して運動に対する精神的期待を持ち続けるように言います。神経が頭脳からの情報を筋肉まで伝えて反応を引き起こすように刺戟することが必要だからです。私たちは脳卒中や脳出血に起因するあらゆる型の麻痺に対しても同様の忠告をいたします。

白血病の治療で述べたように、霊的治療をすると、血液の循環が刺戟され、衰弱はなくなり、血液の成分も改善されます。このことは**ブルーベビー**の場合にも確かめられました。必ずしもいつも治るわけではありませんが、これらの赤ちゃんが医師の所見に反して回復した例が幾つもあることは事実です。

このことを明らかにするために二つの例をお話ししましょう。生後数週間のブルーベビーの例です。この赤ちゃんはとても弱かったので医師は輸血することができませんでした。両親はかれらの赤ちゃんは数時間後に死ぬだろうと言われました。電話で依頼があり、遠隔治療がはじめられました。数時間のうちに赤ちゃんに変化が認められました。元気をとり戻したのです。赤ちゃんのいたロンドン病院の担当医師のことばによれば、「新しい生命へと生まれ変わったようだった」のです。血液の内容が変化しはじめ、青っぽさがだんだんと消えていきました。絶望状態から回復への変化は霊的治療の開始と共にはじまったのです。

この話には続きがあります。この変化を観察したとき、医師たちは新薬を投与しました。赤ちゃんが完全に回復しましたので、病院はこの症例についての覚え書をつくり、それに病歴と新薬の処方の詳細を付しました。この覚え書は他の病院にも配られましたので、同じようにやってみた病院があるかもしれません。

第二の例を述べるまえに次のことを言っておくべきでしょう。それは霊的治療で超常的な結果が得られると多くの場合それはいわば医学上の見本として扱われてきたということです。これらの人々に加えられた医学的処置と病歴は文書として配布されたり、検討のための例外的な事例として専門医に提示されました。普通、医師たちは霊的治療が行なわれたことを知りません。知ったときはあえて無視してきました。しかし偶然や自然治癒が起こりえない特殊な病気において、霊的治療の効果を支持する例証が数多くあがってくれば、医師たちはこの特徴的な変化の事例が霊的治療を受けた患者と結びついて起こることを認めかつ予期できるようになり、その結果医師と霊的治療の協力が実現するものと思われます。そのときがくるまでは、医師たちは薬や医療に本来ある以上の重要性を与えがちであり、またそれによる誤謬を免れることはできないでしょう。

血液循環のほかに幾つかの障害を持つ若者の治癒を証明する第二の例は、電話による父親からの依頼でした。彼の頼みは、ギルドフォード病院に行って、今にも死にそうな彼の赤ちゃんに洗礼を施してもらえないかということでした。公認されたスピリチュアリストの一牧師として、死にかけている子供に洗礼を施すために、私は一人の友人を伴って出かけました。私たちは一ダース以上もの生まれたばかりの赤ちゃんが寝ている新生児室に案内されました。目あての赤ちゃんは酸素室の中に容れられていました。その赤ちゃんの色はブルーで、痙攣に身体をぴくつかせており、何の栄養も摂れずにひどく衰弱しているのでした。母親も病気で、車椅子で新生児室につれてこられていました。担当の修道女も見えておりました。私が手を差し入れて洗礼ができるようにと酸素テントが開かれました。手を差しのべて赤ちゃんに触れたとき、私は直観で、この子は助かる——と確信いたしました。霊的治療を信ずる両親と少しばかり話しているあいだ、私は予告的なことは何も言わないで二人を慰めるだけにしました。そのときから赤ちゃんは二度と痙攣しなくなりました。赤ちゃんの肌の色が青から自然のピンク色に変わり、まもなく栄養物も受け入れました。一日のうちに起きた変化が目ざましかったので、医師は両親に、危機は去ったと言いました。それと符丁を合わせたように、母親の病気も治ってしまいました。その赤ちゃんは現在、可愛らしい少女に育って健康そのものです。

赤ちゃんや子供たちが霊的治療に反応し易いのにはそれなりの理由があります。かれらには心の中に不要な抑制がなく、また大人の持つような恐怖心もありません。霊的治療に対して受容的です。その小さな身体は固まっておらず柔軟であるお蔭で、治療霊から送られる治癒力に敏速に反応できるのです。

糖尿病や内分泌腺のような機能に障害のある病気のケースでは、治癒は、原則として、速やかではありません。これらのケースでは、身体の機能を再び秩序づけるための修正力を働かせ、病気の原因やそれに伴う症状を除去するのに時間が必要です。**静脈瘤**、**悪性貧血**、**黄疸**などもまた徐々に効き目の現われてくる病気です。これは当然のことでしょう。障害物の除去によって起こる治癒が速やかなのに対し、機能低下のようなものは、細胞の正しい機能を力づけるために組織の正確な化学変化を導かねばならないので時間がかかるのです。このタイプの病気の治癒に関する唯一の合理的説明は、細胞が健康でしっかりした状態に達するのに必要な良好な状態を回復することによって良い効果が生ずるのだということです。このことは既に、白血病において赤血球の量が正常状態を回復することや、ブルーベビーに関して指摘しておきました。

私が大司教の委員会によばれて出席し、霊的治療のこうしたやり方を説明したとき、ある医師がその可能性を断固として否定したことを思い出します。これについてはハーバート・ベーカー卿のとった態度が回顧されます。数年のあいだ、彼は医師仲間から**いんちき医者**とみなされ、麻酔療法を行なう者は医師免許を剝奪されました。あとになって、ハーバート卿は彼の方法を当時の著名な医学者たちに講義しました。このことから、今日では一般的となっている整形外科療法の興隆をみたのです。

感覚器官、とりわけ**視力・聴力の回復**に関しては、器官そのものの欠陥を修復したり病気を癒《いや》したりするのみならず、神経作用の低落状態を原因とする機能不全の回復の顕著な成功例が記録されています。

視力と聴力に関して類似性のある二つの最近例が思い浮かびますが、この例は長期に亘る機能低下を立ち直らせる力が霊的治療にあることを明らかにしてくれます。ウェストミンスターにある中央ホールの公開治療で、英国国教会を退職した牧師が壇上にのぼってきて、衰えた右耳の聴力を復活させることができるかどうかを尋ねました。左の耳の方はもう三〇年間まるで聞こえたことがなかったので考慮の外とされていたのです。治療力を求めて祈念がなされました。結果を試してみますと、彼の全く聴こえなかった耳が聴力を回復し、囁き声さえ聞えるようになっていました。右の耳の方は一層よくなっていたので会話などは大声で話しているように響いたほどでした。あとになって、この牧師が良好な結果が続いていると報告してきたとき、リューマチも一緒に良くなってしまったという知らせをすすんで申し出てくれたのです。

第二の例としては、治療院へ治療を受けに来たメソジスト教会の牧師の妻に関するものです。私たちの目的は、彼女の右眼にはっきりとした視力をとり戻させることでした。左眼は三〇年もの間視力を持たなかったのです。治療のあと、かなりの視力がほとんど見えなかった方の眼に回復していました。

治療霊は特殊な病気のためにそれぞれに向いた治療家を用いますので、視力、聴力、精神疾患などそれぞれに応じた治療が存在します。このことから、ある治療家は他の治療家よりも特殊な病気のために同調し易く、またより適合した道具となるということが明らかです。そこでこのことをもっとよく考えてみる必要があります。

いかなる治療霊も治療に関するすべての知識を持っていないのは、ちょうど、この世の医師が病気や医療のすべてについて知っているのではないというのと同じです。そのためにこそ専門医というものが存在するのです。それゆえ、ある治療の形態やそれに関する法則力について、他の治療霊よりも詳しく研究している「霊の専門医」がいるらしいのです。ですから、どの治療家の場合でも特殊な病気を治療する際には、それに最も適合した治療霊医がその治療家の関係する霊界の治療霊団から指名されるのです。このことは、これこれの治療家は他の治療家よりもこれこれの治療目的に向いているとして治療霊から選ばれるのだということを意味しています。

視覚と聴覚に結びついた病気と病状は数多くあります。これらに関する治療成功の確率は様々ですが、感覚器の病状が治療に反応することは比較的容易なので、治療家はあらかじめ限定をしてかかるべきではないと経験上言うことができます。感覚器の能力低下の原因が、視覚ないし聴覚神経が意識に情報を伝える機能の弛《ゆる》みにあるという場合は、最もよく治癒します。私たちの経験は、神経を活気づければ感受力が増大することを示しています。能力の低落が年令によるもののときは、これを完全に回復することはできません。が、多くの場合、感覚能力は力を得て、それ以上の能力低下は抑えられます。

あらゆる種類の**結膜炎**も**白内障**や**緑内障**と同じように霊的治療で治ります。いくつかの事例では**網膜剥離**さえもが治されました。記録からみますと、外科手術が施された事例では成功の確率が低く、このことは器質性疾患のほとんどに当てはまります。その理由は明らかです。自然の機能に人工的干渉を施したところでは回復が難しくなるのです。このことは外科医の技術のいかんを云々するのではありません。かれらはすばらしい手術を行なっているのです。しかし、事実はどうともしがたいのです。治療の求められるほとんどの病気の場合、病気が初期のものであるときは、良い結果が迅速に現われます。このことは特に白内障の場合に言えます。初期のうちならば視力が完全に回復し、あとで眼科専門医の手でそのことが確かめられるという場合が決して珍しくはありません。

中耳に機械的故障の生じた**難聴**は原則として治癒します。原因が内耳や複雑な器官にある場合は完全な治癒にいたるまでには時間がかかります。耳なりはしばしば頑固なものですが、重症の場合にでもだんだんよくなるものです。耳鳴りを生み出している神経の緊張が鎮められるに従って、次の症状が現われるまでの間隔が次第に長くなってきます。

感覚器の能力が弱ったり不調だったりする原因はしばしば心的状態そのものの中にあり、ショックや心の患いが悪い結果を生み出してくるものなのです。これらの場合には心の中の不調和がまず正されることによって感覚が抑圧から解放されるものです。

視力を弱める主な原因が、患者の従事する仕事が物に眼を接近させるようなものであれば、この状態が続くかぎり、治療効果はよくありません。患者はもっと楽な仕事を探すよりも、眼の方を犠牲にしようとしているように思われます。治癒の進捗《しんちょく》を妨げる他の人間的理由といえば、患者が自分の眼を労《いた》わったり、そうすることによって視力を回復させようとする治療の働きをすすんで助けようとはしない場合です。もし人が腕を悪くしている時は、三角包帯で腕を支えることによってそれを労《いた》わることでしょう。しかし眼の場合にはなぜか眼を使ってテレビ番組を見るのをやめようとはしないのです。にもかかわらず、感覚器の治療における成功の度合いは目ざましいものです。

器質的な病状に見えて身体の異常のように感ぜられるが、その実神経が原因であるというケースは次の章で扱います。これは外見的には身体器官の機能に関係しているとしか思えないのですが――。

治療の実際において、治癒を助けたり妨げになったりする他の要素があります。それは患者が健康の法則や身体の衛生にどの程度従うかということに関係しています。たとえば便秘は病気の第一の原因です。それにより血液が毒性になり細胞を活化する機能の遂行ができなくなります。関節炎の仲間やリューマチはしばしばここに原因があります。多くの胃病も同じです。霊的治療が健康状態を推進し便秘をなくすのを助ける一方で、患者自身が自らを助けようとすることが賢明です。

私たちは患者が健康維持の必須法則を実行するよう忠告します。それはすなわち、便秘を避けること、酸素を充分にとり入れるような呼吸をすること、悩みや心配ごとから遠ざかるようにすること、腸の働きを刺戟する腹部のマッサージ、血行をよくするためのマッサージ、繊維組織炎に伴う筋肉硬化を和らげるようなマッサージをすること、等々です。

治療家は実際の治癒がやってくる通路《チャンネル》となるのみならず、患者が良識によって治療意図と協力する道が見出せるよう忠告する役目でもあるのです。

著者は医学的知識に堪能なわけではありません。もしそうであれば、治療霊との同調によって自分の心にやってくる直観的方向をとるよりも、医学的知識を用いようとするので、治療家としてはマイナスになるだろうと思われます。解剖学や身体組織についての一般知識は、それが身体の機能に関するものであり、医学や薬その他に過度の関心を持ちすぎない限りはむろん役立ちます。治療家の心は霊からの診断や教示を受け取り同調するために融通無礙《むげ》でなければなりません。診断の能力はたいへん有効であり、たいてい治療経験に伴うものですが、不可欠なものではありません。問題の病状にどのような処置と影響力と治療エネルギーを施したらよいかを知るために、病気およびその原因についての正しい判断を下すのは治療霊の働きであるべきです。

治療霊がその道具である治療者の同調する心に診断を伝えることができれば、治療者は意識的に治療方針に協力できるという利点があります。

この章では主要な病気のみがとりあげられましたが、このことは他の病気の場合に霊的治療が効かないという意味ではありません。むろんそれらは可能ですし、またさらに私たちは様々な度合いで、未だ私たちの治療の力の及ばない身体不調の事例を見出し、それにとり組んでゆかなくてはなりません。しばしば一つの困難が克服されますと、すぐに他の困難がもち上ってくるように思われます。

物理的肉体の霊的治療による治療については、無限の可能な領域があります。治療家は自分から予め病気の治癒を約束することはできません。が、また一方では、治療を行なう霊人の力に、自分自身の意識のうちや、すべてを支配する全体法則の範囲内で制限を加えたりするべきではありません。

第十四章　神経性疾患の治療

神経病の分野においては、霊的治療が本領をあらわします。第九章の「治療エネルギー」と十三章の「器質性疾患の治療」においては、治療霊が身心の病弱を治し、肉体的病状をとり除く方法が示されました。しかしながら、これらの器質性疾患の大部分が神経的原因によるものであることが考慮されなければなりません。霊的治療は原因が除去されるまでは効果をもちえません。多くの病気の原因が肉体的および霊的な心の不調和によるものなので、それらが元来神経病のカテゴリーの中に入れるべきものであることは、いくつもの詳しい症例によって示されている通りです。

なぜ不治の病などという不幸な病気があるのかといえば、それは医師たちがその病気の原因と性格をはっきりとつかむことができず、現在までのところそれらを除去する能力がないからなのです。

「不治」と宣言された病気が霊的治療によって回復するのを目のあたりに見るという

ことは、治療霊が原因を除去できたのだということ、それゆえにこそ症状が消えたのだということを示すのにほかなりません。病気は因果律の結果するところのものです。健康への完全復帰が実現する前にこの原因と結果がよく処置されなければならないというのはわかりやすい論理であります。

霊的治療は漸進的方法です。原因がつきとめられ、そののちに修正がほどこされます。

原因を除去するためには、それを生む条件が認識され理解されなければなりません。原因は存在の一状態に基盤を持たなくてはなりません。この状態の変化は、それが存在するのと同じ次元においてのみ招来せしめることができます。医学的処置は物理的な次元のもので、物質に固有の法則下での変化に従う諸状態を扱うものです。それゆえ、患者の心の中での修正的変化をもたらす作用は、心と同等および同次元でのみ作用しうるのです。霊的治療においては、病気の第一の原因が治療の力に屈してゆくように誘導されますが、そうでなければ病気はよくならないというのが事実なのです。

人間経験の所在地は意識の中にあります。この場所は単なる一つの機関ではなく、印象や経験を肉体や精神の自我から受け取る知覚能力の場であります。神経組織と腺の反応はこの意識と結びついております。感覚的、機能的、運動的神経は意識作用から直接ないし無意識に影響を受けます。すべての運動を支配する神経は、心臓の鼓動や消化力を維持する働きの神経と同様に命令を意識から受けます。すべての感情と感覚を記録するものこそが意識です。それは一つの思想と他の思想を結びつけ、第三の思想を生み出すことを可能にするのです。意識は記憶の貯蔵所から知識の経験項目を随意に想起します。それなしには記憶は機能しません。

私たちの良心がやってくるのは意識を通してであり、この意識が善悪を識別する能力を導き出すのです。意識を通して、良心は善霊と悪霊を区別する能力を所有します。そしてそれゆえに意識は霊的ないし内的自我からの影響に対して肉体的な心からと同様に受動的なのです。

意識が不安という背景から解放されているとき、私たちは幸福感を持ちますが、それが悩みを持ち重圧にあえいでいるときは、人生感を曇らせ低調にいたします。過労や厳しい責任遂行のあとであるとか、悪しき心によって悩まされているときには、意識ははっきりとした認識を持つことはできませんし、明晰な思考や新鮮な知識の吸収といったことも困難です。つまり鈍く気の抜けたような状態になってしまいます。意識の背景にストレスを生み出すたえざる心配がある場合は、知覚力をくらまし、人生観に暗い色づけをします。この状態では神経や腺が悪い影響を受け、けだるさや無力感に悩まされます。自らを涸渇したように感じ、その人生観には喜びがありません。それはあたかも司令室が他の部所との親密な接触や制御の力を失ってしまったかのようです。

こうなりますと、ますます病気や伝染病にかかりやすくなります。成長、細胞の健康と再生、感情、セックスそして肉体の体温や諸過程の規則性などを受け持つ腺組織は活気を失ってしまいます。鬱状態の原因が根深く一定期間継続すると、腺の健康は衰えつづけます。その結果、腺組織は、細胞個有の健康と目的性に対する確固とした制御力を失い、裏切者の細胞が正しい進路から逸脱し、狂熱病に走り、癌やその他の病に突っぱしることを許してしまうのです。それはまたビールスの体内侵入を許します。神経の健康における活力の低落を通じて、血行の方も弱まり、よく機能せず、関節炎や機能不全等のあらゆる種類の病気を身体に導き入れてしまうのです。

このことを証明する単純な証拠は胃潰瘍の場合にみられます。すべての医学的権威は多くの病気が神経症からくることを認めています。会社の重役たちは重い責任を背負っているので胃潰瘍になりがちです。皮膚病のほとんどの形態とくに帯状疱疹は神経的気質と心の悩みに直接に結びついたものです。こまごまとしたことに悩んだり、心に怖れがあったり、心配の種を抱えている男女は、偏頭痛や頭痛に悩まされます。愛する人の死を深く悼《いた》み、そのことが意識からはなれない場合、それは健康を破壊し、時としては大事にいたります。貧血や黄疸はある形の心の不調和を通して身体の抵抗力と健康が徐々にむしばまれることに共通の原因があります。この例はいくらでもあげられます。私たちは心や神経のストレスに起因する病気の基本的原因に立ち帰って学ぶ必要があります。

病気の原因を攻落するためにはものの見方にバランスと均衡がとりもどされ、神経の緊張が鎮められ和らげられる必要があることが明らかになりました。このことは思考過程が調節されることによってのみ可能となります。霊的治療はこれを遂行します。それではそれがどのようにして、どんな手段でなされるかと尋ねるのが当然です。

ひとたび、内的心は霊人からの影響力を受け入れるようにできているとの真理を認めると、答えは見出しやすくなります。肉体的生命にあっては精神的悩みの原因が分かりますと、心は良き忠言によって慰められます。これは精神分析のやり方です。このことは日常生活の中で普通に行なわれていることで、精神障害をもつ病人に対し、友人や身内があらゆる手段を用いて悩みごとを正しい見方で見るように、そしてまたまっとうな考え方に信頼を回復するようにと教えようとします。このことはしかし容易なことではありません。なぜなら、こうした患者は自分の不幸にしがみついていようとし、友人の忠告を受け入れようとはしないものだからです。

指導霊はよい影響力をもっと容易に送りこめると言えます。精神的混乱のほとんどは、感情や性格や人生の目的を定める指令の座たる霊的な心にもとがあるということを想い出していただければこのことはもっとよく納得されることでしょう。肉体的恐怖と精神的恐怖の間には大きな相違があります。前者は肉体的な心に属し、後者は霊的な心に属します。

友人に悩みを打ちあけるといった場合には、自分の悩みや怖れを、言語という元来それをするのにあまり適切ではない手段を用いることになり、多分に表現の能力に頼らざるをえません。最善を尽してもたいていうまくいかないものです。霊人にはそういったハンディキャップはありません。霊的な心は治療霊と同じ次元の世界に存在するので、治療霊は患者の心をすっかり読みとることができます。治療霊は悩みの基本的原因を詳しくみて、不調和を除去するのにちょうどよい想念をそこにおくりこむことができます。これらが意識に記録され、肉体的な心がそれを受け入れることで、古い懊悩を圧倒する新しい想念を受け入れる道が開かれます。例をあげてみましょう。

一人の女性が少女をつれて治療院を訪ねてきました。彼女は極端な緊張状態でしたので精神的な悩みのあることは明らかにみてとれました。彼女の話すところによりますと、彼女は娘に何かが起こるだろうと怖れているらしいのです。彼女は娘が学校のために彼女のもとを離れるようになったとき、この恐怖心に襲われるようになったのでした。長いこと不眠が続いているというところからみても神経的な破綻の迫っていることは明らかでした。私は彼女を慰め安心させるようにしました。そして彼女の心の安定と、恐怖心をとり去るための霊的影響力を霊界に求めたのです。一週間のちにお礼を言いにやって来たとき、彼女はすっかり違った人間になっていました。笑顔でほほえみ、幸福そうでした。彼女にどんな変化が起きたのかたずねると、彼女はこう答えました。

私のもとを訪れた次の日、彼女はいつの間にか娘の学校への道を歩いておりました。着いたときはちょうど「休み時間」でした。柵の外に立って校庭を見ていると、まもなく娘が友人と幸福そうに遊んでいるのを見出しました。立って見守っているとき、あたかも誰かが近づいてきて彼女の心に話しかけたように感じたということです。そこにいる子供たちを見なさい、と彼女は言われました。とりわけなにごともなく成長した年長の子供たちを見るように、と。なぜ彼女の子供に事故が起きなくてはならないのでしょうか？　彼女は、娘は傷害から守られているという確信を心に与えてくれる教導者の存在を感じました。その時以来彼女は、娘を家に連れ帰ってくるという、以前には一度も破られたことのない習慣をやめてしまったということです。

この話は霊界が一連の合理的想念を送りこんで彼女の恐怖心をとり去るべく影響力を行使したということを明らかにしています。「誰かが一緒にいる」という感じは、治療が彼女の内的自我ないし霊的自我を通しておこなわれたことを意味しています。彼女の意識がこれを受け取り、肉体的な心が忠言を受け入れ認識したときに、幸福な変化が彼女の考え方の上にあらわれたのです。

もう一つの例を私は思い出します。社会的にも立派な地位にある男性が**アルコール**

中毒になった例です。彼はお金には不自由しませんでした。善良な男で、子供たちにとってはよき父なのですが、一日中酒びたりになっている状態だと彼の妻が私に申しました。日ごとにひどく酔って帰宅しました。家族に対して辛くあたるということはない（暴力などはふるわない）のですが、家族や妻や子供たちのことについて忘れっぽくなったように思われました。飲酒の習慣はだんだんひどくなっているのがわかったので彼女は悩みました。彼女は夫の健康を心配し「飲み死に」してしまうのではないかと案じました。私は彼女に霊からの援助が彼にあるように祈念しましょうと言いました。そして次のようなことが起こったのです。

それからまもないある夕べ、彼はつきあいの必要があって彼の部下の家を訪問することになりました。彼は家の中に招じ入れられ歓迎を受けました。子供たちは彼に冗談を言い一緒に遊びました。そうしている間に、彼は心の中でこの家と我が家とを比べてみたのです。帰途、彼は公園に入り、ベンチに腰をかけました。こんなことは前にはなかったことでした。腰かけていると一つの場面が心の中に浮かんできました。彼はあとで、まるで映画館に行って、ほんものの映画を見ているようだったと言っています。それは結婚したころの場面、ハネムーンや休日や最初の子供の出産の場面でした。彼は自分が画面の中で、幸福で、家族的雰囲気に耽っているのを見ました。彼は立ちあがることができず、まるでベンチにへばりついてしまったようでした。この回想をぶち壊したりしたくなかったのです。彼はまっすぐ家に帰りました。家に入ってゆくと、彼は家族の目に理解の表情があると感じました。そして彼が正常な人間に戻ったと知ったときに家族の者たちの中におとずれた幸福な変化を、彼ははっきりと認めたのでした。

前の例と同じように、背後からの意図を持った一連の想念が与えられたのであり、それは彼が思ってもみなかった考え方なのでした。彼はこんどのことを深い教訓として絶対禁酒することを誓ったということです。

似たような例がたくさんあります。その各々は個人的なもので、それぞれの人物像にかかわりをもっています。前の章であげた二つの例は、患者の性格に生じた変化に関するもので、それは霊的治療を始めた日から起きたものです。しかしながら、他の原因はっきりしない、自我の内部における隠れた挫折に帰せられるような病気の原因もあります。ある人は子供の頃から芸術家であるとかまた何か人生の使命のようなものに従おうという内的望みを抱いていたかも知れません。それが環境のせいで、おそらくは、両親の意向でこの望みを果たすことができず他の生き方を選ばざるをえなくなります。このことが両親に受け入れられたとしてもなお、ひそかな不満足の気持ちが霊的自我の中に残りつづけ、反抗的になり病気へと導くような不調和を生み出すことがあります。

それを明らかにする例として、幼いときから教会の牧師として神に使える望みを口にしていた少年の場合を私は思い起こします。中学校にいるとき彼は同級生の間で祈りと献身のグループを組織いたしました。一週に一度、かれらは教室で会合を持ちました。数日も前から彼は祈りや研究課題の原稿を書きました。あとの少年たちにはそれが気に入らなかったので、これは考えてみてもたいへん勇気のいることでした。彼は仲間を怒らせてしまったばかりか、騒動をまきおこしてしまったので、校長は少年たちの集会を禁止せざるをえなくなったのです。しかし彼の意志は挫けませんでした。高等学校へ進んだとき校長は給料が安いので教会を職業として選ぶことはよく考えるようにと忠告しました。その忠告は、教育の費用のみかえりが少ないという意味なのだと彼は理解しました。幸い暫くの間は、彼は自分の心で決めた道を歩みつづけました。結局あとになって彼は自分の生涯の仕事として教会に入らなかったのですが、公共への他の形の奉仕をすることになりました。もし周囲の事情でこの奉仕の仕事につくことが出来なかったならば彼はいかに心の中に挫折の苦さを味わったことでしょう。またその際には、幸せな天職に従うことをやめて、望まぬ満足感の少ない仕事につく原因となった心の不確かさと不安が表面化してくることは避けられなかったことでしょう。

人生の進路がねじまげられてしまう理由としては他にもいろいろな理由があります。私は精神神経障害が子供のころの恐怖の経験、たとえば痴漢による少女への暴行などが原因することを知っております。このような経験が引き起こす魂ないし霊的自我への傷は深いので、自然には癒《いや》されず、病気を引き起こします。内的自我の挫折や傷が癒され、肉体機能が回復するのは霊的治療によってのみ可能なのです。

パーキンソン氏病はとくにそれが比較的若い男女にあらわれる場合には、他の病気よりも共感作用の働かせ方が強くなる病気です。この病気の第一の原因が心の中のストレスにあることはまちがいありません。精神力の使いすぎその他によって、神経機能のはっきりとした障害をひき起こすのです。無気力症状がはじまり、顔や身体や四肢に震えが生じます。寝ている時でさえも震えや痙攣があるのを見ます。必要なのは神経の緊張を和らげることです。霊的治療はこうした苦しみをぬぐい去るのに大変効果があります。

もう一つ言える結論としては、治療霊は肉体の神経作用に直接影響力を与えうるということです。通常極端な**痛みを伴うような病気**の場合に、たとえば癌や脳膜炎のような場合には、その痛みが除去されます。リューマチ性関節炎や痛風や腸炎のような苦痛の甚だしい病気を直接治療しているとき、治療がおこなわれている間、治療に起因する痛みは全く起こらず、むしろ従来からある痛みも大幅に減少してゆき、あとになって全くなくなるのです。遠隔治療においても、報告書は毎日、「痛みは去った」という同じ内容を伝えて来ます。このことから、治療霊の影響力は病気の在る神経に直接作用したか、もしくは、意識がストレスを感受しないように働いたというような仮説が立てられます。パーキンソン氏病に関して言えば、治療力が神経の緊張を和らげ次第に震えをとり除くことができるということです。無力と運動のたかまりの交錯がみられる場所で、運動神経に対し新しい刺戟が伝えられ、意識に与えられる指令と協調して働くようにと命ぜられます。

あらゆる形態の**筋肉麻痺**は、それらが脳卒中、小児麻痺、硬化症、筋萎縮等によるものであろうとも、霊的治療を通じて様々の度合いの効果がみられ、それらはしばしば完全に治癒いたします。これらの治療に時間がかかるのは、細胞が賦活作用を受けて回復するのに一定の期間が必要だということを意味しています。記録をみると外科手術によって神経が切り取られており、治癒が不可能になってしまっている場合があります。それでも、治療を通して、ゆっくりとした機能回復がおとずれます。これはむろん医学的な見込みをこえたことです。治療霊が知っている方法で、切断された神経細胞間に直接または間接につながりを設けるとか、連結細胞の意図を他の性格の細胞の意図と調整するというようなことが行なわれるのです。

患者の協力は治癒の進捗《しんちょく》にたいへんプラスになります。私たちは患者に対し忍耐強く、静かに、そしてむきにならずに運動の努力を続け、また最初は全く動かないにしても、新しい運動機能が出てくるような意欲を持つようにと忠告いたします。そうする理由は、神経が意識からのメッセージを弱った神経細胞を通して筋肉に伝え、それらの運動を活発化させるように刺戟するためです。何の効果も顕われないときでも私たちは、目的の実現のために身体知性を通して意図を表現する努力を続けるように忠告し続けます。霊的治療によって多くの患者にゆっくりとした機能の回復のみられることは毎度のことなので、例をあげるまでもないことです。このことと同時に起こる効果としては筋肉の消耗が神経の作用の停滞をひき起こしているような場合に、繊維組織や筋肉の形成がみられるということです。このことは細胞再生を司る腺の働きが活性化されたことを意味します。成功の如何は患者が治療への道に歩調を合わせるかどうか、また身内のものや友人のはげまし（とくに若い人の場合は）などに大きく依存しております。ほとんど抵抗もせず、麻痺のおとずれを我慢し、その結果、一つの永続的な習慣となってしまうことが多いのです。

直接治療において目ざましい改善がみられるのは普通のことです。患者は（治療家の指示に従って）もう一度脚をあげ、引きずらずに普通に歩くことができます。しかしすぐさままるで自分でそう決めたかのように古い習慣に戻ってしまいます。それゆえ、患者への指導は治療それ自身よりも重要だと言えます。すべての動きは、動作全体を支える意図によって、ゆっくりとした秩序だったものであるべきです。歩行は最初、ゆっくりとした動きでなされる必要があります。自然に、無意識のコントロールができるようになるまでは、忍耐によってのみ改善の結果をうまく利用できるのです。

身体のバランスが悪いということは下肢の麻痺を招きがちです。緊張した動きの中でバランスを維持するために、患者は自分が行こうと思うところへできるだけ早く到達しようとする傾向があります。これは多発性硬化症の患者に特にみられます。治療家の仕事は徒歩練習の間を通じてこうした傾向を除去し、患者がゆっくりとコントロールされ秩序だった動きをするように指導することです。バランスの維持は心の持ち方と大いに関係する問題です。転倒するという恐怖感を、治療家の忠告をよく理解することによって克服しなければなりません。バランスの回復は神経機能の回復に伴う運動の調節によって徐々に自然にやってきます。ここでも指導霊は患者の心と神経が信頼と確信を形成しうるように援助できるのです。

神経炎も霊的治療によって治る病気です。肉体的な原因はある種の局所的なストレスにありますが、精神の緊張からくるものはもっと多いのです。神経痛はこの徴候を示すもので、通常、心配や恐怖からくる頭痛を伴います。恐怖の性質は真実のものであろうと想像上のものであろうと(ほとんどは後者に属しますが)神経炎に類する病気を生み出す神経不安の原因であるということはまちがいありません。

治療法は恐怖の原因を鎮め、考え方を和らげるという同じパターンをとります。神経炎の多くは、神経のさほどでもない緊張への軽い反応ですから、治療家は、患者の考え方に充実感がおとずれると共に病状がすみやかに快癒してゆくのを見るのが常です。

霊的治療、とくに遠隔治療における一般的経験としては、患者は病気の種類の如何にかかわらず、治療の初期に内的昂揚の感じがあるのに気づきます。確信と信頼の意識を伴った軽やかで幸福な感じがあります。この効果は、治療霊が神経を和らげ、考え方に落ち着きをとりもどすように治療の援助を与えた結果なのです。

こうした治療の努力と結びついて、肉体の健康の感覚はよく知られた腺組織やあまりに知られていない内分泌腺を経由して身体知性によって生み出されるという理論があります。霊媒現象や治療法について学びますと、内分泌腺の組織は肉体の感覚神経と接触しているという信念が形成されてきます。鼻腔のうしろにはその受容端子の一つがあり、それが意識を通して松果腺や脳下垂体に直結しています。その幹腺は脊柱に沿ってのび、肝臓のあたりで終わっています。そこから支腺が下半身全体や下肢へ岐れています。特殊な呼吸を通して宇宙力をとり入れてたり、磁力治療において活躍するのはおそらくこの腺であると思われます。

人が「有頂天になっている」と感ずるとき、全身は軽く、とても活動的になりますがそれには相応の合理的説明がなくてはなりません。反対に、身体を重く疲れたと感ずるときは、何かをするのが億劫になりますが、これにも理由があります。理論をすすめますと、こうした状態はこの内分泌腺の宇宙的栄養による健康の如何に左右されるということになります。この理論は、いったい霊的治療をうける患者はどこから「力」を受けとるのか、と不思議がる医師への説明として適当だと思います。というのも、この内分泌腺が心霊的、霊的指令に答えるのだとする考えは合理的に思われるからです。それゆえ、もしこの「心霊腺」が感覚神経に結びついているとするなら、私たちは身体に良い状況が訪れて、神経炎が除去されるまでの途中経過を理解することになります。

霊的治療のプロセスについての考察を一つに限定すべきではないと思います。そこにはまだ、私たちにほとんど分かっていない多くの要素があるのです。

精神神経症を治療する場合のもう一つの大事な側面は、**妄想**と**憑依**に悩む患者に関するものです。患者の人格がある霊的実体――まずもってのぞましいからぬ種類の――に侵入されることを意味する憑依のケースは、思ったよりも少ないものです。当の子供や大人が非論理的で、理性にかなわない行動をとると、身内の人の心の中に「彼には邪霊がとりついている」といった考えが浮かんできます。このことは医師や精神分析家によって必ずしも憑依ということではなしに認められていることです。

　妄想はいろいろな形態をとります。それは無害であったり、苦しいものであったりします。全く正常な人であっても、使命とか企画とかのある観念にとりつかれていることがあります。程度問題というわけです。ある人が一つの思想を広めようとする情熱や固着性が宗教的情熱家のように強すぎるとき、その人は妄想にとり憑かれていると言われます。多分これはもっと正しくは、理解と釣合いのとれた見方の欠如といわれるべきです。にもかかわらず、霊的治療の実施で多くの苦しい妄想が癒されます。これらのなかには閉所恐怖症、迫害妄想、食物恐怖、汚染恐怖、幻覚、幻聴などが含まれます。このような病状は、肉体的な病よりも苦しい精神的な苦悶を生み出し、治療霊の力に対してもなかなか頑強に抵抗します。

　私は汚染恐怖症だった少女のことを思い出します。彼女はドアの取手に触れても穢れたと感じ、長いこと両手をごしごし洗うまで気持ちが安まらないのでした。可愛想なこの少女は起きている時間の大半を入浴と手を洗うことに使っていました。このため普通の仕事や家事にさえも従事できません。何人もの精神科医や精神分析医のもとに連れてゆかれました。いずれも理性の力で彼女を説得しようとしましたが、それはむろん両親も試みたことで効果はなかったのでした。彼女は妄想を消すという目的で三週間も眠らされました。また彼女の心の弱さを修正するという目的で催眠がかけられました——しかし、どれもうまくいきません。そこで母親は私に遠隔治療を求めてきたのです。すると数日の間、彼女の知覚力と理解力は鈍くなったという報告がありました。彼女はただ眠りたいと望んだのです。

それからある朝、彼女は生まれ変わった人のようになって朝食の席に姿を見せました。その眼は輝いており、長いこと失われていた微笑みを取り戻していました。両親はびっくりして彼女をみつめました。が、賢明にも何も感想らしきことは言いませんでした。食事の終わったあと、手を洗いにゆくだろうと思って見ていましたが、行きませんでした。そのかわりに汚れた皿を集めて洗いました。これまで夢にも考えられなかったことです。彼女はすっかり変わっていました。私は暫くの間この病気がぶり返さないかどうかを見守るために母親と接触を保っていました。しかしその心配はありませんでした。彼女をたびたび診察した神経科の専門医は、今までこんな例はみたことはないと言いました。娘は母親よりも父親を好《す》くようになったことが注目されました。あとになって、その妻は夫に、霊的治療を頼んだこと、それがすでに良い効果をあらわしたことを話しました。しかし二人とも霊の助けという考え方には全くばかにしてとりあわなかったということです。

ある人が過去の悪しき行為の後悔によって責めさいなまれ、憑かれたようになっているとき、治療はしばしば、見たところもっと難しい内的精神状況を伴う場合よりも遅延するようです。その理由は、後悔が肉体の心と記憶にたいへん深く印象づけられ、頑固に居すわるためなのでしょう。患者の心が深く恋の痛手を負っているときや、近親者や愛する人が死去したという場合がそうです。このことは、生々しく生きつづける肉体的な心の混乱は霊的な心の中にある不調和の場合よりも、霊的自我からの影響力に対し反応が遅いことを意味します。

憑依、**精神分裂病**、ないし**二重人格**の例では、病状はしばしば、二律背反的行為や暴力に発展し、個々のケースを一つ一つとり扱う特別に力量のある治療家を必要とします。憑依の力が弱い場合には、侵入した霊を去らしめるチャンスがあります。しかし憑依の力が強力な場合には、患者は通常精神病院に入れられますので、患者と個人的に接触することができません。直接治療の方法は、一般には入神霊媒を通して治療霊が侵入者と話し合うことによってなされます。遠隔治療が成功する場合は、治療霊が霊界にいる霊に向かって説得によって影響を与えて、患者から離れさせたと仮定することが合理的です。

軽度の狂気の場合には、その場で治すことに成功します。患者が家にいる場合はこれが比較的容易なのです。しかしまた、精神病院にいる患者がバランスと均衡をとり戻し、治って家に帰るという例も多々あります。これには普通遠隔治療が用いられるのです。患者が回復してきますと、一定期間仮の帰宅が許されます。そしてそれがだんだん長い期間となり、ついには病院に行って治療を受ける必要がなくなるまでになります。

過去においては、スピリチュアリズムが狂気を導き出すといわれたことがありました。そのことを支持する証拠はありません。精神病委員会の報告書は狂気の原因が直接それにあるような例を一例もあげていません。他方、かなりの精神病患者が霊的治療によって治癒しているのです。同様に重要なことは、証明こそできませんけれど、より多くの人々が、治療霊からの修正力によって狂気への落ち込みから救われたということです。

かくして、精神および神経の病気の治療像というものは二つの型を持つことが示されます。一つは患者の〈総体としての自己〉の中にあるストレスの原因を想念の世界で除去する型。もう一つは、身体および神経の緊張の鎮静と感覚および運動神経の協力・調節を刺戟するという型。

ここに医学畑の権威者によってほとんどまだ理解されていない治療の領域があります。かれらが心の状態は身体の健康にたいへん大きな役割を担っていることを認めているにもかかわらず、その心の状態の調査研究には最新の医療の中でもほんの僅かな注意を払っているのにすぎません。その理由というのは、心は顕微鏡で覗くわけにもいかないことや、物質科学が人間の本質部分を支配する法則を確かめる視野をあまりにも限定しすぎていることによります。

この一五年というもの、著者は一週に一回きまって、霊的治療の全領域にわたる教育と指導を霊界から受けるために、交霊会を必ず行なってきました（解説参照）。治療霊団の中の指導霊が入神状態《トランス》の著者を通じて話し、多くの教訓がテープレコーダーに記録されました。この方法によって、多くの知識が獲得されました。とくに精神病の原因と治療に関するものが多いのです。医師が霊的治療家との協力をすすんでしょうとするならば、かれは霊界における同僚たちの教えと知識を受けることによって、病気に対すなる理解を増すにちがいありません。

神経病その他の病気の治癒の評価のされ方にも様々あります。判定は観察者の心の態度にも関係するのです。しばしば治療後の患者の状態について全般的状況への正しい考慮を欠いた判断がなされます。たとえば、両肢がまったく利かなくなってしまった麻痺患者で、過去にどのような医療を受けてもだめだったというような例があったとします。霊的治療によって、足の調整・調節の機能が徐々に回復してくると、患者はまっすぐ立ち、杖の助けを借りて歩けるようになります。そしてこの例は霊的治療の行なわれた例として指摘されます。しかし観察者は杖が使用されているのを見て、肢の動きが正確に回復したと言うことにためらいを感じ、治療は失敗したのだという意見に傾く傾向があります。脊椎骨折はよく治ったが、肩のところの骨の変形した塊が依然として目につくという例がありました。この変形は骨折の結果として数年の間にでき上がったものです。しかし、霊的治療家によってこの厄介な骨の塊を除去することができないという理由で、治療は不成功だったと結論されます。ちなみに、まだ若い患者の場合にはこのような奇形も治療の持続によってだんだんと消えていったという記録が何例かあります。

私はロンドンのヴィクトリアホールの壇上へ、一人の治療者によって抱えて連れて来られた一二歳ぐらいの少年のことを思い出します。この少年は生まれたときからの神経症で、まっすぐ坐ることも両脚を使うこともできないので、抱えられて出て来なければならなかったのでした。医学的には全く希望のもてない例とされ、この少年について医師は決して歩くことはできないと言っていたのです。このときの治療で背骨は部分的にまっすぐになり頭をおこして坐ることができるようになりました。しかし、脚を動かすところまではいきませんでした。その治療家は彼を運んで帰りました。数カ月の間、その治療家は調節作用がうまくゆくようにと毎週直接治療をいたしました。私はその少年の状態を報告してもらい、私たちの遠隔治療の仲介祈念のうちにも加えました。次第にこれまで利かなかった脚に生命が働き出しました。しばらくして、彼に脚をひきずりながらの歩行を助けるため松葉杖が与えられました。治療をつづけるうちに彼はその杖を放り出すまでになりました。治療家は忍耐づよく何年も治療を持続しました。漸進的な改善の末、少年が立派に成長し、仕事に就いて、正常な生活を営めるようになったのは、この治療家の功績です。

ヴィクトリアホールに何の望みもなく訪れてから一〇年後、彼は花嫁の手をとってシェリーの教会の側廊を歩むことができたのです。彼の以前の病気の名残りはわずかに歩くときの臀部の軽い揺れに見られるだけでした。一人の友人が花婿は霊的治療を受けたのだと聞かされたとき、こう答えておりました。「うーん、でもあまり効果はなかったな。まっすぐ歩けないものな」

著者は、ある肉体的欠陥が残っているのを見て、医学的には不治とされた重い病気に対して霊的治療がたいへんな効果を持ったという事実を認めない口実としている医師を何人も知っております。結局霊的治療の評価は、公正な判断をするかどうかの問題なのです。

第十五章　超常的治癒の例

この本を書いている今は春で、桜の木が花ざかりです。霊的治療における成功例の多様さをお伝えするために、私は今年に入って三カ月の間に集めた「特別ファイル」の中から資料を探ってみたいと思います。この「特別ファイル」だけが保存用なのです。一週間に一万通を超える郵便物から個々のケースをすべて記録するのは不可能なことです。そのためには多くの資料係を雇い、ファイルのための広い場所を設ける必要があります。平均一〇〇〇通を超える新しい治療申し込みが毎週受理されます。それらの多くはすぐに治癒いたします。こうして患者の種別がたえず変化しますので、詳しい記録を保存することは不必要になります。「通常」の治療結果とは別に「不治」とみなされる病気のものがあります。これらの病気が治癒したときはその病名の見出しのもとにファイルされます。白血病のような病気の場合は、私たちはそれに関するすべての手紙を保存しますが、他の手紙の束は解答され、治療がすむと燃やされます。

燃やされる理由は、手紙の多くが、内密で個人的な事情を書いているからです。当然すべての手紙が親展なのです。許可なくして他に見せられたことは一度もありません。それゆえ実際に送った手紙からの抜き書きである以下の引用においても、名前や書き手が推測されるようなものは記載されません。

これらのすべての「特別ファイル」資料は万一に備えて保存されており、誠意をもった人または機関が調べようとする場合には閲覧が許されます。ですから私たちはこれらの真実性を保証することができるのです。

何年もの間私たちはシェアの治療院にいて、三万以上ものとりわけ超常的な治癒の記録を集めました。それらは人類を悩ますありとあらゆる種類の病気を含んでいます。これがただ一個の治療団体の努力の結果であるというのは注目されてよいと思います。現在、非常に多くのスピリチュアリスト教会と結びついた治療グループや、すすんで治療に自分の時間を割いている数千の個人治療家がいることを考え合せるとき、治療によって恩恵を受けた人の総数は膨大な数にのぼると考えられます。この成功は日々いたるところで達成されており、大衆は霊的治療を支持しております。

私がBBCのテレビ番組に出演したあとで――そこでの条件はたいへん私に不利な

ものでしたが――ＢＢＣはそれまでのいかなる番組のときよりも多くの（主として抗議の）手紙を受け取りました。このことはＢＢＣに、霊的治療についての全国視聴者調査をするという前例のないことをさせるきっかけとなりました。これらの調査は大変な費用を要するので、ほとんど例外的にしか行なわれないものだと私はＢＢＣの幹部から聞かされました。

この調査によって分かった結果はＢＢＣによって極秘とされました。しかし私はある重役から、質問を受けた人の九〇％以上の人が霊的治療を信じていたこと、また、七〇％以上が、私や私の同僚や、他のスピリチュアリストの治療家の行なう霊的治療の方法を支持していたことを聞かされました。

このような大衆の支持は、治療の成功がもたらしたものであって、不成功ならばそうはいかなかったのです。霊的治療をけなそうとして、医師その他の人々が、効果のなかった場合の例を指摘いたします。私たちは、むろん、私たちの望むような結果の起こらない例のあることを認めます。そしてそのことのために一章が割かれたのでした。霊的治療の証明はうまくゆかなかった少数の例によるべきではなく、実際に病気から回復した多くの例を参照すべきであることが分かると思います。以下に掲げるほんの一部の報告は霊的治療という行為の一般的意味合いを示すものです。

＊

一九五九年一月三日

「W氏は末期状態の癌にかかっていると言われました。手術のために入院すると腸から細胞の小片が切りとられ、検査のために病理学者の許に送られました。二日後に外科医が病理学検査の結果を持って、彼の病床を訪れました。その医師は、全くおかしなことが起こったと言いました。癌の痕跡も見当らないので手術の必要はないというのでした。六カ月後にまた診断したいと彼は言いました。彼はこの件に関してコメントし『八年間のあいだにこんなことがあったのははじめてだ』と言いました」

＊

一九五九年一月一七日

「私は聴力の弱い右耳と全く聴こえない左耳のために、あなた様の治療をお受けした者です。左耳はたいへん良くなりましたのに、右耳がまだ悪いように感じます。しかし私の聴力はたいへん向上いたしました。実際人々が大声を出しているように聞こえます。私は憂鬱症患者のように見えると嫌なのであなた様に申し上げませんでしたが、ここ三カ月ほど、両肩にリューマチが出て痛かったのです。今朝起きてみますと（治療を受けた翌日ですが）右肩に何の痛みも感じられず、左肩もずっと痛みが軽くなっています。偶然なのかどうか、不思議でなりません」

＊

一九五九年一月二〇日

（カナダ）「義理の息子が心臓血栓で瀕死の状態で病院に運ばれました。有名な心臓の専門医がミネソタから派遣されて来ました。その医者は娘に「望みはない」ので最悪の事態に備えるようにと言いました。彼女が彼の許を離れますと、彼は錯乱状態で沈みこんでしまいました。私は貴方様の許へ電話をしてご援助を乞いました。専門医がもう一度彼を診察したとき、彼は、変化が起こったと言いました。それは全く奇跡でした。あらゆるデータからみて、彼は確実に死ななければならない状態だったのです。彼は元気になって、家に帰りました」

＊

一九五九年一月二五日

「わたくしの赤ちゃんをあなた様の許につれていきましてから八日間がたちました。(注・赤ちゃんは盲目だった)娘の目はとてもよくなりました。娘は今かなり遠いところにある小さなものでも見ることができます。以前の落ち着きのない眼の動きは全くなくなりました。わたくしは娘をあなた様のところへ連れてゆけば快方に向かうだろうということは知っておりました。でもはっきりした効果がみられるまでは数カ月かかると思っていました。こんなに早くよくなるとは思ってもみなかったのです」

＊

一九五九年一月二七日

「四、五年ほど前になりますが、父がホジキンス病で重体の父の兄のことであなた様に御援助をお願いいたしました。今彼は医師から『生ける奇跡』と言われ、全く回復しております」

＊

一九五九年一月二九日

「七年前、あなた様は私の夫を治療なさいました。彼は当時、頭蓋骨骨折、大脳打傷、大腿骨骨折などの重傷を負っており、病院では治癒する見込みはないと言われておりました。しかし彼は今あなた様のお蔭で——一つだけ小さな不自由はありますが——幸せな生活を営んでおります」

＊

一九五九年一月三〇日
「以下はJ・C氏五八歳の記録である——ベルファスト病院。一月一三日、息子にコロナリー血栓症。一月一四日より一八日まで、症状重く、衰弱。一月二〇日、医師より『全く望みなし』と告げられる。息子が呼ばれ、私は貴方様に電話。一月二一日、患者よくねむる。息子が医師に面会したところ、彼曰く『奥さんに望みがないと言ったあと、心臓の状態がふいによくなり、現在は望みが持てます』とのこと。患者、新聞を読む。一月二二日、夜分良好。患者は元気よく食欲あり。息子（海軍にいる）は海外の部隊へ戻ることができると言った。以来どんどん病状は好転し続ける。妻と私は医学以外の何かの力が彼を救ったと確信した」

＊

一九五九年二月二日

「もう一度、現在私がどんなに良くなったか申しあげたいのです。臀部と膝はほんとうに素晴しい状態（としかいいようがありません）です。ときどきほんの少しこりがあり、『何でもない』というわけにはいきませんが、あなた様の治療を受ける前のことを思い出しますと、私は痛くてとてもたまらない状態でしたから、現在のことは信じられないほどです。私は知らぬまに歌ったり口笛を吹いたりしておりますが、こんなことは数年来なかったことです」

＊

一九五九年二月四日

「私は今ロンドン大学病院に入院している兄に手紙を書いています。兄の食道は閉ざされ、食事は喉を通りませんでした。管で食事を送りこまれていたのです。あなた様のお返事が来たときは、兄はとっても弱っていましたのでどうかと思われましたが、彼は手紙を見て非常によろこんだのです。次に申しあげることはとてもありえないことのように思われますが、昨日の朝、兄は普通の人と同じように喉を通してベーコンエッグを喰べたのです。もう一カ月もの間そんなふうにして食べたことがなかったのですから、彼がそれをどんなに喜んだか想像して頂けるでしょうか。彼はあなたのお蔭だと言っています。ほかに理由は考えられませんので」

*

一九五九年二月五日

「私が一九五五年の早春にお訪ねしたことを覚えていらっしゃるでしょうか。私は尿道結石を患っておりました。あなた様は、石を分解してしまおうと申されました。お目にかかる前の日に、私はたしかにX線写真に写っていた石を見たのです。でも数日後外科医が手術をしたとき、石はなかったのでした。二日後輸尿管の中に痕跡らしいものを認めたので、医師は細くなって排泄されたと考えました。次のX線写真では何も写りませんでした。それ以来何ともありません」

*

一九五九年二月一四日

「去年あなた様にお願いいたしました霊的治療のことで一筆いたします。去年の八月以来しつこかった耳鳴りがなくなり、以前にありましたそれに伴う難聴もおこらなくなりました。最初あらゆる事柄についてかなり懐疑的でありましたのが、治療をお受けしていらい世の中全体に対する考え方が変わりました」

＊

一九五九年二月一八日

「あの日あなた様にお会いしてから、彼女は歩行については問題がなくなりました。あなた様はたしか関節を治療なさると同時に、翌日入院して外科的摘出をする予定でいた胆石の治療もなさいましたね。そして、手術の前にX線写真をとってもらうようにとおっしゃいました。彼女は他の症状のためにそのあと数日入院しておりましたが、それがすっかり消えましたので、胆石の位置を見るためにもう一度X線写真をとってみることになりました。八枚とってみて、それが全くなくなっていることがわかりました。結石は全部消えてしまったのです」

＊

一九五九年二月二一日

「二年前グラスゴーでの貴下の実演を見ました。一医師として、私は治療の前後に患者を調べまして、起こったことに真に驚倒いたしました。それは決して忘れることのできない経験でした。今、私は自分自身の健康状態のことで、貴下の御援助をお願いする次第です」

＊

一九五九年二月二九日

「先週の木曜日にお目にかかって以来、とてもよくなっています。このことは決して忘れはいたしません。あなた様は私を死の宣告から、いや、それ以上の廃人という運命から救い出して下さったのです。私は今日入浴したあと椅子にかけて、家族と食事を共にすることができました。今までそのうちのひとつもできなかったのです。私の首にあったかたまりは実際に消えてしまったのです」

＊

一九五九年三月一六日

「私はダンスの教師です。先週末、H・Kさんにレッスンをしていたとき、彼はあなたの治療が彼の膝にすばらしく効いたと言っていました。彼があの足でダンスできるというのは全く奇跡です。医師たちは皆、彼は踊れないと言っていたのです。しかしあなたに手紙を書いたあと一カ月以内に彼は踊ってみせたのです」

＊

一九五九年三月一八日

「あなた様が痛みもなく私の頸椎のズレを矯正して下さってから一週間たちました……。おかげ様で頭を動かすことが自由になったばかりではなく、私の身体も様がわりになってしまいました。以前は痛みを避けるためになるべく使わないようにしていた左腕も今は自由に動かせます。両肩も痛みはしませんし、骨にいつもあった痛みを忘れたかのようです。首の左側の猛烈な痛みも実際になくなってしまいました。一週間のあいだ一度も、朝起きたときにさえ、コリの気配も感ぜられないのです。背骨の動きは尻の関節のところまでも自由に動き、全身をリズミカルに、柔軟に動かすことができます」

＊

一九五九年三月二〇日

「私は妹についての吉報を一刻も早くお伝えしなくてはと思いました。彼女は精神病院を退院してもよい状態になり、体重もしっかり増えました。精神科医はこのように早い回復を理解できません。彼は妹が攻撃的な状態のときは診察するのに五人もの人間を連れていかなくてはならなかったと言っています。霊的治療を受けた今では、妹は他の患者を元気づけています。三週間後には妹を家に連れて帰れるでしょう。私の息子の内分泌腺の異常も治りました」

＊

一九五九年四月六日

「娘の手の状態をご報告するのが遅れてしまいました。このたび慎重を期したせいでもございますがお詫びいたします。皮膚の症状は目をみはるほどに好転いたしました。あまりの変化に長つづきしないのではと考えた次第です。しかし大丈夫でした。お礼申し上げます。手はよくなった状態を保ちつづけ、とってもきれいです。新しい皮膚ができ、なめらかでピンク色の健康な色に輝いております」

以下は霊的治療のもう一つの側面をうかがわせます。

＊

一九五九年二月二五日

「赤ちゃんがおなかにおります間にお願いした霊的治療についてお礼申しあげます。全く何の支障もなく可愛い女の赤ちゃんを出産することができました。以前私が二人の子供を出産したときのことはお話したとおりです。今度の赤ちゃんが生めるとは夢にも思いませんでした。とてもすんなりと、病院にもいかずに産めるなんて。検査のたびによくなって、看護婦も医者も自宅で生めるだろうと思ったようです。麻酔もピンセットも使わず、実際一針も縫わずに産めたのですから」

＊

日付なし
「貴方様のご尽力に対し『感謝』のことばもありません。三〇年間待ったあとに、とうとうかわいい女の赤ちゃんを持てたのです。治療の間、私は助けがあるとの想念に慰められ、力がやってくるのを感じていました」

＊

一九五九年三月六日
「私たちはだめだと思われていた赤ちゃんがさずかりましたことを誇りに思っております」

報告の多くが、誰かの治療を依頼する前の前置きという形で、過去にあった治癒例に言及しているということに注意して頂きたいのです。これらのものは治療の永続性の証拠を示すものとしてとくに選ばれました。この種の手紙が毎年三〇〇〇通は寄せられます。加えてもちろんのこと、改善や回復を証明した手紙が無数にあります。これらの数はおよそ毎年五〇万通にものぼるのです。

最後の三通の手紙は子供の妊娠と出産のためになされた助勢に言及しています。後者に関して言えば、この治療援助は夫婦のどちらかに身体の弱さがある場合になされたものと考えられます。霊的治療を通してこの弱さが克服され妊娠するための道が開けるのです。

私はある母親が最初の子供を出産するとき難産で、母親の生命が危機にさらされ、赤ちゃんは死んでしまった例を思い出します。母親はそれ以上、子供を持たないよう強く忠告されました。しばらくして次の赤ちゃんを身ごもりました。この出産をとり扱うために特別の準備がされました。キングストン病院では、出産が迫った段階で、著名な産婦人科医にロンドン病院から特別に来てもらうよう手はずをととのえました。妊娠の兆候があった最初の日から霊的治療が依頼されました。陣痛がはじまると共に母親は病院に収容され、専門医に電話がかけられました。その女性は待合室で母親と坐って待っていました。待っている間に赤ちゃんを自然分娩したのです――待合室の中で！

もう一つの例は、三九歳になって最初の子供を持った女性の例で、当然のことながらある懸念がありました。私たちは彼女のために治療をほどこしました。陣痛が起きたとき彼女は洗面所に行きました。そして戻ってくるまでに、赤ちゃんがなにごともなく無事産まれたのでした。

私の娘たちが孫を産んだときは、どの場合もまたとない安産でした。ある場合はとくに、赤ちゃんは陣痛なしに生まれました。娘はむろん事態を認識して看護婦を呼びました。看護婦にそのことを言うと、そんなばかなことはないと言って彼女をベッドに寝かせようとました。看護婦を説得して、事実を理解させるのにはとても骨が折れました。しかし、まさしく赤ちゃんは生まれたのです。

総合医学評議会は、私が今年はじめの三カ月間に、英国医師会の会員から八二通もの手紙を受け取ったと知ったら間違いなく驚くことでしょう。もちろんこれらの手紙はすべて親展として送られてきました。私はこれらの医師の手紙からあることばを引用しましょう。

「私の妻は『どんどんよくなっていると伝えて下さい』と、私に頼みました。私もそれを確認しています」

「私の家族はすべて今は元気です。Xについて言いますと、彼の血圧は下がりました。Yは頭痛と目まいがおどろくほど改善されました」

「私の妻はもうすっかりよくなりました。Aも健康で元気一杯、庭で長いこと過ごすことができるようになりました」

「貴下と連絡をとってから、疲労が少なくなり、ずっと肉体労働に堪えられるようになりました」

「私の罹った感冒はよくなりつつあります。全体的健康が私に神経組織がよくなったという信頼感を与えてくれました」

「私が既に享受することのできました治療結果から、来年もますます私の耳はよくなってゆくと期待しております。貴下とつながりを持つことができまして、私の人生観は全く変わってしまったと言えましょう」

「もう一度よいニュースです。今週は素晴しいことが続きました。私の妻は六カ月間無事で、ただ一日だけそうひどくない発作がありました」

「突然の素晴しい変化がBに起きました。今朝彼を訪問したとき、ポケットにあなたの手紙を入れてゆき、治療が始まったことを告げました。彼は坐って、ジグソーパズルをしていました。熱は正常でした。まったく不思議なことにこれといった理由もないのですが彼はよくなっているのです」

「もしあなた様の治療法が私に理解できれば、私がお願いした二人の患者に起こった変化についてもっとよく認識できるのだろうと思います。手紙を書きましたときは皮肉なあざけりの気持がありました。C博士があなたを紹介して下さったのでやむなく……。痛みの症状がなくなったのは、どうみても薬の結果ではありません。それゆえ、あなた様からの治療の結果としか考えられないわけなのです……」

「ありがとうございます。私は今ほんとうによくなり、普通の食事をとることができます」

「この地方で猛威をふるいました流行性感冒にかからないですみましたことはなんとも不思議で、あなた様のおかげだと思います。私の同僚たちは罹ったのですから。私の生命力は強くなり、毎日以前よりも仕事ができ疲労を覚えません」

これらの医師その他の人々のうちには自分の治療をうけに治療院を訪れる人もあり、また患者をつれてくる人もおります。医師がいると分かったときは、私はその職業には触れずに、その医師に患者の病状をよく調べてもらいます。ポーカーバック脊椎症などの場合は、治療のはじまる前に、患者の状態を見せます。それから私は私の手の下に医師の手を入れさせます。柔軟性が回復してきたり、曲がりがなおりますと、彼は自分で脊椎の動きや調整力の働きを感ずることができるのです。私はいつも医師が、そこに起こった良好な変化をよろこんで認めようとするのを見ました。

昨年のこと、何人かの医学部の学生が治療の実際を見学に来ました。その後私たちの交わした会話の内容から推して、彼らは大変感銘を受けたと考えられます。暫くして私はかれらの月例集会で霊的治療について話してくれるようにという招待状を受けとりました。しかし一時間後に、それは取り消されました。なぜでしょう。

私たちは迅速な、ときとしては瞬間的治療というものを体験しますが、以下の引用が示しますように、通常の治療は漸進的な手段であることが分かります。

八月一六日、Aは小児麻痺で入院しました。喉の筋肉が麻痺しているので、すぐに気管切開手術をしました。彼女は話すことも食事をとることもできませんでした。八月一八日、彼女は自動呼吸装置の中に入れられました。医師の話すところでは、彼女の生命は三時間以上はもたないということでした。このとき電話であなた様に緊急治療をお願いしました。首と脳と上半身を襲った麻痺は心臓に近づきつつあると医師は申しました。心臓の鼓動はかすかで緩慢になっていました。左の肺は全く呼吸をやめており、両眼はデスマスクのように窪んでおりました。九時間後に彼女はまだ生きており、私はそれを認めることができました。しかし、彼女の死はいつか起こるべき既定の運命であることには変わりありませんでした。彼女を診察した医師や看護婦は、彼女がその夜も次の日も生きつづけていることとやまたどこから生命力をえているのかを理解できませんでした。八月二〇日より二四日、生命は維持され、ほんの少し生気が見えたようで、彼女の頰に少し赤みがさしました。八月二六日、彼女は首についた管の助けをかりずに呼吸をはじめました。姉妹たちは、彼女はおどろくべき意志力を持っているのだと言います。

健康の回復は、九月九日の日、彼女の声に生命が戻るまでにゆっくりと進みました。回復は続き、言葉がしゃべれるようになり、九月二〇日にはベッドの上に起きあがれるようにまでなりました。もう普通に話すことができました。九月二三日には食事を流しこむための管がとられ、Aは八オンスの流動食を食べることができました。医師はどうして彼女がよくなってゆくのか理解できず、自分たちのせいではないと言っています。回復は続き、一〇月六日には、まるで見違えたように元気になりました。彼女は一時間半も坐りつづけ、歩こうとさえこころみました。一一月三日、Aは部屋中を歩きまわることができました。着実な回復が続きました。彼女は今ではトーストの柔かい部分を食べることができ、八ポンド目方が増えました。一一月二六日、Aは回復退院しました。しかし、週に三回は物理療法のために病院に通わなくてはなりません一年後の今では、彼女が小児麻痺であったなどとは考えられないくらいです。

この例では、遠隔治療はAが数時間後には死ぬだろうと予想されたときから始まったことに注意していただきたいのです。治療援助は手紙によって依頼され、休みなく続けられました。医師たちは自分たちが施した手当て以外の何かが危機の日の彼女を支えたことを認めています。治療は三カ月に亘って続きました。

遠隔治療にとって距離は何の障害にもなりません。超常的治癒の報告は世界の裏側からでもやってきます。その例の一つは以下のバッデンポーウェル卿婦人の場合です。彼女は関節炎その他の病気治療を受けてうまくいったのです。それは一九五九年の初めの頃で、彼女は事故に会い、肋骨を何本か骨折しました。彼女はガール・スカウト運動とのかかわりでの重要な約束を果たすために旅行することを強く望んでいました。そこで彼女はそれを遂行できるように至急治療してほしいと書き送ってきたのです。この手紙を書いて胸のまわりの包帯をほどいたとき、肋骨は完全に治っていることが発見されました。バッデンポーウェル卿婦人は、彼女の夫によって開式されるガール・スカウトの行事を続けるためアフリカを旅行中に次のように書き送ってきました。

「あなた様が姪のためになされましたご尽力に対しまして、心からなる最大級の讃嘆の気持ちを表明いたします。彼女は事故で背中を傷つけてから、大変重い病状でおりました。手術を受けたのですが、わるくなるばかりでした。ある専門家は、彼女は回復不能であり、残りの人生を病床で過ごすことになろうと申しておりました」

「三〇代の若く、活力に充ちた若い女性にとりましてそれが何を意味するかは想像いただけることと思います。姪はある農園家と結婚し、二人してまさにこれから新生活にのり出そうとして、僅かなお金とどうにかやってゆくに必要なものだけで農場をはじめようとしていた矢先だったのです。

友人（フォーブ市のX氏）を通じて、彼女はあなた様と接触を持つことができました。そしてあなたがなさったことは実際に誰も想像することができないような素晴しい奇跡でございました。姪は現在健康であるばかりでなく、二〇〇エーカーの荒地を馬に乗り険しい山腹を駆け、何時間も牛の群れを追い、処女地の柵を見まわりにゆきます。あるときは、五〇〇匹の羊の水浴びを監督し、農場内の家造りに協力しています。またアフリカ人のための地方治安判事として活動し、農園者組合の書記を務め、そのうえ、東アフリカ女性団体《リーグ》の賢く活動的な想談役となり、そして、色々な催しにおける心ひろやかなホステス役としても活躍しております。

「お蔭様で彼女は今、強くて健康で幸福です。そして、立派な女性騎手として、馬の飼育、調教に当り、かつ、地方の公共競技場での一、二のレースに参加して勝つことが彼女の大きな喜びでさえあります」

次に遠隔地の場合の例があります。筆者はアメリカ合衆国オクラホマの一判事の妻です。「おたずねの交通事故に巻きこまれました夫についての報告を以下に申しあげます。この事故とそれに続く首と背への手術の結果として、夫は腰から下がすっかり麻痺し、腸に対する調節機能を全く失いました。そのため、彼は一日中ベッドか車椅子の上で過ごしています。可愛想に夫はもはや法廷に出ることもできず人生に積極的関心を持つこともできなかったのです。私たちの教区の牧師の忠告で全く役にたたないと思いながらも私はあなた様に手紙を書きました。大学病院の教授たちの皆さんが、かれらの力では夫を回復させることができないと言っていたからです。

「去年の六月最初にあなた様の手紙を受け取りましてから、あなた様が夫をお救い下さるかも知れないという一縷の望みを抱いていて、定期的に手紙を送り続けました。夫はあなた様からの手紙を希望の手紙として読みそれが来るのを首を長くして待ったものでした。最初の手紙から三週間後、彼はある日立ち上がってヴェランダを歩くことができとても喜びました。この日から彼は力をとり戻し運動能力も改善されました。また腸の働きの調節もよくなりました。八月の終わりまでには、頑丈な杖の助けをかりてある距離を歩くことができました。骨折したあと曲がって二重になってしまった脊柱のでこぼこはもと通りになり、一〇月には彼は法廷の仕事に戻りました。

「最初にお手紙をお出ししてから今日で七カ月になります。今ではどこと言って悪いところはありませんし、彼も全く苦痛を訴えなくなりました。大変元気にしておりますのでもうそろそろ治療をやめていただいてもよいときのように思います。

「彼の友人の医師たちが、彼の様子をみて信じられないという風で首をかしげているのをごらんになれば興味深いと存じます。私の夫はあなた様を讃めたたえるのに倦《う》むことはありません。夫が最初つれてゆかれた病院の医師である友人たちに霊的治療について話しますと、かれらは言ったことに反対はしませんでしたが、頭をふり続けます。というのも、かれらには理解できないことだからです。お世話になったことはどのようにしてもお礼できるわけではありませんが……」

まだまだ霊的治療の例証はいくらでもありますが、疑い深い人にお答えするのには充分なぐらいの例を挙げてみたつもりです。霊人の力を通じて医学には不可能な霊の力が現実になるという我々の主張を裏付けることもできたと思います。最後にこの章で与えられた証言は通常ではない病状の場合に属するものですが、それほど重くない病状の治療例が多数あります。誠意ある研究者ならば地位の如何にかかわらず、予めの申し出があれば来て調べることができます。その人は手紙（封のしてある）が配達されるところを見、またそれをあけて（秘密厳守で）私たちの主張がどんなに正しいかを知ることができるのです。

しかしながら、ここにもう一つの特別に興味をひく例があります。それは全く不治であると考えられていた子供に関するものです。次の抄録は一年余り前、霊的治療について紹介した新聞からの切り抜きです。

「人々は、コルヌ市のウエスト・ストリート看護学校で、他の子供たちと一緒にダンスをしたり、スキップをしたり、走ったりしているきれいにカールした髪のこの小さな筋ばった少女のことを奇跡だと言っている」

「奇跡というのは以下の通りである。――この少女バーバラは痙攣しながら生まれ、盲目で、身心共に遅れた子だった。重い肺炎に罹って寝たきりになったとき彼女は二度も生命を失うところだった。肺炎が治っても痙攣は続き、医師は、この子は哀れな一生を送るだろうと言っていた」

「彼女の母はバーバラをハリー・エドワーズが霊的治療の実演を行なうコルヌ市市民会館の壇上まで運んでいった。そのとき、バーバラは二歳半だった。彼女は歩くことができず、頭をあげることも難しかった。エドワーズ氏はグリーンのドレスを着た小さな女の子に微笑みかけ、バーバラの母親に子供をおろしなさいと言った。それから自分の手にバーバラの手を握って、歩きなさいと言った。聴衆は固唾を呑んでバーバラを見守った。一度も歩いたことのないバーバラがおぼつかない足どりで数歩前に歩んだ」

「六カ月後、バーバラはしっかりと歩き、今では普通の少女と変わりなくなっている。そしてバーバラの学校の校長先生はこう言っている。『私は霊的治療を信じられませんでしたが、今は信じています。そしてバーバラのことはすばらしいことだと思います。』」

「地方の教区牧師であるジョフレー・ペッツ師はこの件について以下のように述べている。

——バーバラは霊的治療ですばらしい結果を得ている多くの人々のうちの一人にすぎません。バーバラの治療は他の場合と同様奇跡ではないのです。なぜなら奇跡は超自然的なものに帰せられるのに対して、霊的治療には超自然的なものは何もないからです。それとは逆に自然きわまりないことなのです。

科学は日々、生命についての唯物論的考え方がもはや維持できないことを露わにしています。人間が生物学、心理学などの言葉で全部説明できると考えるのは物質が固体であると思い込むよりももっとありえない考え方です。今日、原子構造や、重力や、エネルギーについては誰もが知っており、物質が固体であるということはありえないのです。

様々の証拠は、人間が物質的本性と同じように霊的本性を持っていることを示しています。人間は墓の中で終ってしまう血と肉以上のものなのです。様々の証拠が、道具で計測できるものを超えた働きや力の実在を示しています。この証拠は霊的治療家たちの主張を支持するものです。すなわちその主張とは、人は他への影響力を持ち、かつ、肉体によって影響される霊を所有する存在だということです。病気はこの二つの物質的霊的本性の間のアンバランスによるものであること、治療家は、宇宙間にあるエネルギーと力の道具であり、その力は無秩序や不調和が生じたときは、完全にではないが、秩序と調和を修復することを助けるものであることなどです。

この治療は、現象としては新しいものではありません。イエスの『奇跡』は同じ力のあらわれ以外のものではなく、それは常に在り続けたのですが、今日まで部分的にしか認識され説明されなかったものなのです。それはいかなる意味においても超自然的なものではありません。それは癒された患者の知識にはかかわりがないのです。宗教的またはそれ以外のいかなる信念にも依存しません。霊的治療は信仰治療ではないのです。それはそれ自身の権利において働く力であり、理解しようと努力する人はそのことを知り、かつ、生命の正常な部分としてそれを用いることができるのです。

エドワーズ氏はおそらく当代の最も偉大な治療家ですが、彼一人がその使命の担い手なのではありません。あらゆる地域に一人か二人、黙って不幸な病者の救済に心がけている人がいます。

おそらく、多くの人はこの事実を受け入れることが難しいでしょう。医業に携わっている人ほどその傾向は強いでしょう。人はついその境遇の影響を強く受けるものです。しかし、霊的治療の故なき批難は全くばかげており、偏見であるといわなければなりません。

霊的治療はある人々の考えるように、正統医学の破壊や廃止を目ざすものではありません。その希望するところは、両者が協力して働くことなのです。霊的治療家は正統医学の働きと偉大な価値を認めており、かれらの望みはあげて、自分たちの仕事に正当な考慮が払われるべきだということなのです」

様々の証言に関するこの章の結びのことばとして、これ以上、明確に述べられた思想がありうるでしょうか?

第十六章　結　語

次のような質問がなされるかもしれません。「医師などの人々が霊界に入って、これからもっと広い活動の領域に進んで行こうとするときに、地上に残してきた人々の援助のための更なる知識の獲得に患わされなければならないのはいったいなぜなのですか？」と。それについてはこう考えられます。霊界には、新しい生き方を享受するあらゆる機会があり、また芸術・科学の高次な認識の道があるとしても、だからと言って、かれらが治療家を通して地上の病人を癒しつづける努力をやめなければならない理由が何かあるでしょうか？　と。

この答えは二つの方向に見出されます。その第一は、たとえばロンドン在住のスミス氏という人が関節炎に罹った、というような場合ですが、霊的治療にはたんに治すという以上の目的があるのです。むろんのこと治癒は、スミス氏とその家族の人人にとっては死活問題なのですが、全体から見れば一個人の治癒はたいした問題ではないのです。それ以上重大なある目的が存在しなければならないということです。

人類の歴史の初めから、人間には、普通の生活だけに満足せず、それ以上の何かを求める衝動が常に存在しました。天候に患わされず、仲間と食物を与えられた動物は、それだけで満足してしまいそれ以上のものを求めようとはしません。人間に同じような条件を与えてみてもそれには満足しようとはせず、それ以上の活動を求めるものです。人類の歴史をふりかえってみますと、私たちはもう一つの共通項を持っております。人は進んだ文明に属するか原始的な野蛮人であるかにかかわらず、ほとんど例外なく神を敬い畏れます。人々の抱く神の観念と死後の生活の観念は時代の理想と考え方を反映しております。そしてさらに人が進歩するにつれて物を所有するという特権を享受し、そのことから、隣人たちと平和に暮すことによってその所有物を維持したいという欲望が湧き興ってきました。

人間が常に持つこれらの資質は、粗雑な地上のことにかかわりをもたない非物質的、精神的な理想の存在を示しています。それはまた人間の魂、言いかえれば「霊我」の存在をさし示すものです。

私たちは、創造を支配する法則の中に霊的進歩という目的を見出します。それは物理的な因果の結果にすぎない冷たい進化以上のものです。

人間の進歩はたえず霊的満足に基づく高次の生活方式を求めてきました。しかしいかなる進歩も、人間が生命の価値をよく理解するまでは達成されません。

人類の歴史上の危機の時代におけるイエスの到来は、私たちに正しい生活のための霊的指針を与え、病気を癒すことによって神霊の力を示しました。初期教会の成長は、新しい真理を説き病気を癒すという二重の実践活動によったと、歴史家は言っています。この成長と共に、教会に個人的な権力と富を所有したいという欲望が生じて、治療の力は次第に衰えていったのです。

今日、科学的知識の進展にともなって、人類の歴史にもう一つの危機の時代が訪れ、物理的関心が霊的思想を覆い隠す傾向を生じ、そのために霊的治療の能力が人間の霊的本性と人類同胞思想の真理を示すために再提起されたのです。

人々は今日、理性で受け入れることのできる霊的指針を渇仰しています。このことは、ビリー・グラハムが英国にやって来たときにそうだったように、福音主義者の演説を聞きに集まる人々がたいへんな数にのぼるということで示されました。不幸なことに、教会に人々を復帰させようとしてなされたこの努力は失敗に帰しました。――そして教会はその責任を取らなければなりません。なぜなら人々の方にはその気があったのですから。

今日、人々は、ことに若い人々は盲目的な信仰や信念に基づく伝説的な儀式や、古くさい神学を受け入れようとはいたしません。かれらは手に触れられる何かを求めているのです。魂と霊の証明が与えられるのは霊的治療を通してなのです。この世を終えたあとの死後の個人的存続の証拠と共に、生命についての新しい霊的な概念が考えられるようになったのです。

BBC放送が行なった全国調査についてもう一度触れますと、九〇パーセント以上の人が霊的治療を容認したということです。衰えくすぶっているとはいえ、霊的な火は私たちにも受け継がれているのです。それは私たちの内に潜むものとしてあるので、死に絶えることはありません。燃えさしを掻き立てて再び炎とするためには、合理的証明をしてみせればよいだけです。聖職者の力を信ずるだけの時代はすぎ去りました。教会が全体としてこのことに気がつくのが早ければ早いほどよいのです。教会が「聖職者の力」をかれらを通して示される「霊の力」に替え、そして病気が公祈禱のときの祭壇の前で癒《いや》されるようになるとき、人々はこれまで飢えていた霊的食物を摂取するようになるでしょう。そのとき、教会は再び神の計画のうちにその場所をとり戻し、人間の運命を教導するようになることでしょう。

私たちは今日、霊的治療を通じての新しい活動によって、私たちの人生に影響を与えようとする神の計画の展開を目撃しているのです。

その霊的治療においては、霊医たちが未来のための伝道者としての役割を果たしているのです。過去においては私たちは、病気を治す特別資格を持ち、人々を援助することのできる伝道師たちを送り出してきました。いやおそらくもっと大きな意味でそれと同じことが今起こっているのです。今日の霊的治療の成功の背後には、こうした大きな目的が存在するのです。

霊的な領域と同じように科学的領域でも、確かな進歩というものは漸進的で、段階的にのみ成長するものです。こうした理解のあとに認識が生じます。病気でしかも「不治」であると言われた人が霊的手段で治癒したとのニュースが広がりますと、人々は霊からの治癒を受け入れるためには、自分自身が幾分か霊的なものでなくてはならないことに気がつきます。この知識が広まり、教会、医学界両者の既得権益を守るための偏見が克服されるに従って、人類は全体として、今日の人生の目的を活気づける物質的基準のもつ価値の変更を迫られるでしょう。

かくして私たちは、霊的手段による治療の背後にある、人間のものの見方を広げ、生き方を霊化し、戦争や貧困や貪欲やその他のすべての卑しいことどもを追放するという、偉大な目的を見ることができるようになりました。

私たちは神の計画が秩序だった意識的な進歩を遂《と》げて展開してゆくのを目撃しつつあります。そしてそれは、究極においては、私たちの人生上における如何なる不意の奇跡的変革よりももっと持続力のあるものでありましょう。

前世紀の初め、霊界と地上界の交信を確立した手段は甚だ荒っぽい種類のものでありました。霊媒現象は物理的な種類の示現としてより多く発展し、その超自然的な性格を人類の知性に印象づけました。この種の霊媒現象はその意味内容が観察されるに従って次第に変化いたしました。次の段階では精神的な霊媒現象、すなわち霊視や入神技術などが進歩しました。それは死後個性存続の証拠や、私たちの肉体的存在を基礎づける偉大な目的を示し、私たち各個人の前に横たわる、霊的生活の無限の進歩への視野を拓《ひら》くための高い教訓を与えます。後者の霊の賜物《たまもの》（才能）は決して死滅しません。というのは、かれらの目的が完全に成し遂げられるということはないからです。理解の進行途上における第三の目印は、現在、霊的治療技術の進歩に見られ、それは今日のように病気の重荷がたいへんな重圧となっている時、まことに時宜をえたものだと言えます。

防腐剤や衛生学が出現する以前、疫病が多くの人々の生命を薙《な》ぎ倒す時代に住んでいた一学者が、もし現代医学のなし遂げた偉大な進歩を思い描くことができたとしたなら、彼が完全に健康な社会の到来を予期したとしても不思議はなかったでしょう。病院は空《から》になり、非常の場合以外の入院患者もなく、医師はほとんど何もすることがないというような具合にです。こうした幸福極まりない状態の代わりに、今日病院は溢れんばかりで、入院許可を待つ人が何十万人もいるという状況です。疑いもなく多くの人々が、必要な入院施設のないために死にかけています。医師たちは労働過重で、病気を治療するためのすべての施設は議会の法律に基づいて設立されなければなりません。癌と小児麻痺は、天罰が年ごとに増大する様を示しています。神経のストレスを伴う病気が増加して危険な割合にまで達しています。かくして今日、人類愛がかつてよりも一層必要とされているのです。そこで霊的治療は、それを必要とする同じ人類の家族を助け、未来のため真の生き方を示すという神の計画によるものだと考えられてよいでありましょう。

現在、私たちの注意は、生み出されたストレスの原因や病状を霊的治療が克服する目的は何かという点に大きく焦点を合わせています。霊的治療が病状を克服していくやり方に驚嘆の念を持つことは当然です。治療実施の方法については考えるべきことが沢山あります。そしてなお、病気を治すということの他《ほか》に、霊的治療の大きな働きとして「病気の予防」ということがあるようです。

癌の場合を考えてみましょう。その原因は肉体的なものでしょうか、それとも霊的なものでしょうか。半世紀もの間、医学界の最も優秀な人材が、癌の肉体的原因を探り出そうとして、絶え間なく力を傾注してまいりました。「なぜ失敗したのか？」と尋ね、もしかすると原因は全く肉体的なものではないのでは？　と尋ねても当然のことでしょう。私たちは、治療霊から与えられた助言と、私たちがこの病気について理解したことから考えて、癌の原因は霊的なものであると指摘しました。その原因は人生の目的の自然で自由な表現を妨げる感情の深部の挫折感から来るものなのです。現在著名な医学者たちが緩慢ながらこの理論を受け入れつつあります。アメリカ合衆国やカナダの研究はこの線に沿ってなされています。統計や、癌になった人の性格や内的感情の詳しい調査から癌の原因が分かっても、物質的な科学はそれを防いだり克服したりすることができないでしょう。なぜならそれは全く畑違いのことに属するからです。

それではどんな手段が残されているのでしょうか？　ということになりますと、霊的治療しかありません。というのは、心や霊我の処置と影響ということになりますと、まさしく霊的治療の領分になるからです。こうした良い影響力が存在し、それを証明することが本書の目的だったということが認められたならば、癌の予防にも役立ちます。

原則として、スピリチュアリストや人間死後の意識的生存および愛する故人との交流を真理として受け容れる人々は死の恐怖を持ちません。この世に残された人は、愛する人たちが死によって新しいもっと幸福な世界へ進級しただけなのだということを知って慰められます。これによって癌の端緒をなす根源的恐怖心や感情的悲歎が取り去られます。哲学的な意味を持った死後生存の知識がだんだんと人々に受け容れられるに従って、この種の心の苦しみはなくなります。宗教はもはや実際には存在しない地獄火の恐怖や煉獄の苦しみについて説きはしません。宗教はもっと高い目的に携わり、私たちの前に在り、誰もがそれなしではすますことのできない霊的な遺産を人類に普遍的に認知せしめなければなりません。そうすれば、人生についての基本的考え方は、もっと幸福な方向へと変化するでしょう。

霊的治療の意味が一般的に受け容れられ、親しく理解されるにつれて、それは私たちの自然な家庭生活の一部となるでしょう。その治療効果は今日私たちが家庭において、細々とした病気の治療に用いる家庭療法などと同じように、自由に求められるようになるでしょう。そのことは霊的価値や私たちの身体内部の霊能と同じく、神霊との個人的接触が可能だという知識の容認を意味するでしょう。

このようにして霊的治療家は、治癒や死後生存の意味する訓《おし》えを広めることによって、肉体の治療をするばかりではなく、魂の治療も行なうのです。

霊媒現象、治療現象の目的には、おそらく、新しい人生の指針を示す霊訓とも関連したさらに奥深いものがあるのです。

この変化が人類の精神的視野を変えるまでは（そしてこれには一〇年ないし二〇年かかると思いますが）、癌を防ぐという仕事は専ら人々を個人的に処置する治療家の活動に限られざるをえません。癌の原因がもっと一般的な知識になるにつれて、心の中に不幸や挫折感を持つ人々はそれの改善や緩和を求めて、現在よりももっと治療家の許を訪れるようになるでしょう。このことは苦しみを持つ人が内的自我の不調和のもたらす危険についての知識を持ち、霊的覚醒への道を着実に歩み、それによって癌になることを防ぐようになることを意味します。

今日、次第に多くの人々の善なる意志と霊的意図が、治療能力の発展を求めつつあります。実践的治療家の数は一〇年間に数倍に増えました。これを書きつつある現在、その数は英国内においては五〇〇〇人に近いと思われます。現在、わが国では、夥しい数にのぼる肉体的、精神的疾患があり、これと戦う治療家はもっともっと必要とされています。同じことは他の国でも言われています。先駆的な仕事がフランス、ポーランド、スイス、そしてアメリカ合衆国の一部で推進されています。これらの国では霊的治療は法律で禁じられています。しかし真理は決して長く闇《やみ》の中におし隠されていることはありません。

　霊的治療家の数が増えると共に、神の霊的計画の背後にある究極の目的をもっと充分に理解する必要が生じてきます。治療家および大衆双方の教育が次第に重要性をましてくると思います。

　霊的治療の背後にある究極の目的を支持するためには、それの持つあらゆる意味を私たちに教育するという必要が生じてきます。このことについてのより広範な理解をえさせようとする指導霊たちのやり方は、世界的に愛される指導霊シルバー・バーチ[*11]が数年前著者に与えた助言からの引用を見れば明らかになります。それらはこの先現われる事態の傾向を示し、すでに主張された結論を支持しています。シルバー・バーチは次のように言います。

「あなたの眼を一つの目的に向けなさい。それは魂を生命の真の姿に目覚めさせるという目的です。それこそがあらゆる霊の活動する理由、主たる理由なのです。ほかのことは問題ではありません。治療や魂の慰めがうまくいきますと、生きとし生けるものが本来皆宇宙の大霊の一部であること、そして生あるものが過去の遺産を生かし自己の天命を達成するためには、そのことに気づかなくてはならないという神からのメッセージに人々を引きつける結果になります」

「人類の上昇してゆく高みというものが、何にせよ安易に到達しうるものであるならば、それには価値がありません。魂は自らを安楽や暇つぶしや怠惰を通してではなく、労苦と努力と困難を通じて知るに至るのです。あなた方のうちで治療をなさる方々は、そのことを安易であると思っていらっしゃるとすれば、それは表面だけを見ているにすぎないのです。その人たちは現在の頂上をきわめるまでに何年にも亘る困難があったことを忘れています。一つの頂きをきわめたとき、同じようにして攀《よ》じ登らなければならない他の頂きが見えてくるのだということを知らなくてはなりません」

「われわれは、顕幽両界において繰り返しくりかえし人間的要素というものに直面します。法則自体は完全なものですが、それは不完全なものを通して働かねばならないのです。あなた方は、とかく、その背後にある霊的な実在への視力を失うほど物質そ作するのものに心を奪われてしまうことがあります。誰も個人の霊的進展の度合を自由に操作することはできません。しかしそれはすべて魂の進化によって操作されます。この点は動かし難い要因です。肉体は霊の奉仕者にすぎず、主人ではありません」

指導霊は次のような質問を受けました。「霊的治療を通じて、治療中に霊我から肉体の心に影響を与えることはできないのですか?」答えはこうです。「肉体の心は霊の奉仕者であるにすぎません。もし霊的な心を働かせることができれば、あとはすべてそれに従います。しかし霊はそれが機能しうるある進歩の段階に到達しないときは、それを働かせることはできないのです。身体を健康にするためにいろいろなさるのは結構だと思います。しかし魂に正当な権利を回復し、それとじかに接触することによって魂の理解を得させるということの方がもっと重要なのです。肉体自身は複雑な機械であり、霊魂もまた多くの側面を持っています。これらのすべては法則のうちに働く下位の法則に従います。つまり、調和という大法則が全体を支配する一方で、諸法則の枠組の中に相互作用があり、その一つ一つが互いに影響し合っているのです」

ここで述べられたことの中に、すべての霊的治療の依って立つ公式があります。即ちそれは最も広い意味で、生命を支配する法則と一致するものでなくてはなりません。

もしそれが法則と結びついた影響力や力に従わないものならば、治癒は起こりえないのです。

病気を修正する影響力は想念（thought）の指令によるものです。この力は一定の命令を与えられた「エネルギー」と言ってよいものかもしれません。想念ははっきりとした実在で、ことばではありません。ことばは意識が一つの想念を肉体の心にも認識できる経験に翻訳するための手段にすぎません。たとえば、エンピツという想念がそれぞれ異った言語を用いる一ダースほどの人々に伝えられる場合を考えて下さい。その想念は、エンピツが示すある特殊なエネルギー形態として人々に受け取られるでしょう。しかしそれを受け取った人々は各々の用いることばによってそれを翻訳するでしょう。このことは、言語にかかわりなく、あらゆる人種の人々が遠隔治療において霊からの影響力をまちがいなく受け取ることができる理由を我々に示すものです。

すべての霊的治療は個別に計画された行為で、治療霊が患者の必要に合わせて、法則の範囲内で遂行するものです。このことがあらゆる霊的治療の存在する単純で合理的な基盤です。方法は多種あり、それらの持つ意味合いは思考するものにとっては魅惑的な問題を提起いたします。これのもつ基盤は治療行為と同じく事実上の事柄であります。私たちは数々の証明された経験からこのことを受け入れざるをえません。私たちは治療経験から学んだものをこの基礎の上に付け加えてゆくことができます。私たちは病状変化の起こるのが治療仲介のなされるのと同時であるのを知っております。このことから私たちは、病気の原因と症状を克服するときに治療霊が用いる方法についての合理的な仮説をうちたてることができるのです。

この著書がこうした仕事の達成のためにほんの少しでも貢献できたとすれば、それは霊的治療の行なわれる動機を、よりよく理解して頂くのに役立ったと言えましょう。これらのことは悪に対する善の永遠の戦い、すなわち、神の創造に始まる神聖な計画の促進途上で、それに印象的な役割を果たすために動員される善なる力の強化なのです。

（完）

本書の随所で、教科書体、ゴチック、傍点などを用いたのは、これまでこの種の文献紹介が少ないところから、読者の要点把握の便をはかるため、すべて訳者の判断によって行なったものであることをお断わりしておきます。

本書の訳は Harry Edwards, *Spirit Healing*, 1960 によった。

（訳者）

訳註

1　**指導霊**　Guide または Guiding spirits の訳語。キリスト教でいう守護の天使やソクラテスに憑いていたとされるダイモンに相当するものと考えられている。霊界での修養を進めて地上の人々を指導しうる段階に達した霊をいう。地上人の特定の職業・趣味、また特技・特能を指導助勢する。このうち、霊界で治療の任務に当たる霊をとくに治療霊《ヒーリング・ガイド》という。生前医師であったものが多いとされる。本訳では単にガイドとあるものもほとんど治療霊と訳した。なお、**支配霊**《コントロール》とは霊媒の背後にあって霊的仕事の遂行を助け差配する指導霊のことをいう。司配霊と表記されることもあり、霊媒者の指導霊であることから、わが国では混同されて、通常の指導霊とかわらない意味で用いられたこともある。いわゆる**守護霊**(＝主護霊)とは人間を保護善導する霊を漠然という場合もある(この場合は背後霊ということばが適当)が、日本の心霊学史上のテクニカル・タームとしては、ある特定の個人の魂親(分魂の親または前生霊)として一生を保護善導する役目の霊人とされ、出生のときより各人ひとり宛配され、その役目は一生変わることがないとされる。わが国においては浅野和三郎氏によって多くの憑霊実験の結果からその存在が主唱されたが、最近では欧米の有力な霊界通信(シルバー・バーチ)においてもその存在が肯定されている。**背後霊**とはわが国独特の造語で、これらの高級善霊を総称していうことば、というのが定説的定義。従って悪い背後霊とか低級背後霊というのは定義矛盾になる。それらをいう場合には憑依霊ということばで充分。巷間でこれらの用語の用い方にだいぶ乱れがみられるようなので、敢えて整理して記した。

2　**総体としての自己(Total Self)**　ハリー・エドワーズは自己の全体を、肉体と霊体、またそれの中心に位置するそれぞれの自我の複合したものと考えている。大別すれば肉体的自我と霊的自我とである。これらは本文でそれぞれ「肉体的な心(Physical mind)」「霊的な心(Spirit mind)」と表現されているものと同じである。その他にも「身体知性」という半独立的な機関も考えられており、これらの全体が「総体としての自己」である。通常「自我」は一つであるとして考えられているので「全体的自我」という訳語は通りにくいと考えて本訳のようにした。この総体としての自己のうちのひとつである「霊的な心」の使い方が現代人にはとくにわからなくなっているのである。これの使用法に熟達することによって霊的治療も可能になる。

3　**クリスチャン・サイエンティスト(Christian Scientist)**　信仰による病気治療を中心とするキリスト教の一派。クリスチャン・サイエンスは一九世紀末、アメリカのM・B・エディ夫人(1821—1910)が創始。エディ夫人はアメリカの催眠療法家《メスメリスト》フィニアス・クインビーの影響を受け、またマタイ伝九章二節によって霊感を受けたと称し、イエスが人々の病気を癒した点を強調、病気は本人の幻想にすぎないのだから神を信じその導きに従えばすべての病気はなおると説いた。とくに霊人の働きを説かないから分類上は信仰治療の中に入れられるが、かなり効果をあげているところから、ハリー・エドワーズは、実際にはかなり霊人の助けがあるとみなしているようである。本部はボストンにありアメリカ有数の日刊紙『クリスチャン・サイエンス・モニター』を発行。信徒はアメリカ、イギリスに多く、日本には第二次世界大戦後に開教した。

4　**スピリチュアリズム**　一八四八年三月、ニューヨーク郊外のハイズヴィルに起きた怪音現象を契機として、心霊現象を科学的実証的に調査しようという機運が興り、この傾向はやがて世界各地に広まっていった。日本では福来友吉博士や浅野和三郎氏によってその先鞭がつけられている。スピリチュアリズムはこうした実証的研究と卓越した霊媒者からもたらされる霊界通信による情報を総合して、大略三つのテーゼを確信するに至ったとし、世界各地での啓蒙運動を百数十年にわたって展開している。その㈠は死後個性の存続、その㈡は顕幽両界の相互交渉、その㈢は霊魂の永遠の進歩向上である。運動の主体はこの世の側にではなく霊界にあるとされ、その目的は人類が自らの霊的起源を忘れ、唯物的思考と行動に走ることの危険を警告することであると思われるが、更に進んで人類全体の霊性の向上による進化を遠望する主張が諸所にみられる。従来のわが国へのスピリチュアリズムの紹介には、こうしたスピリチュアリズムの大事な主眼点の紹介を怠っていたふしが見られるので本訳書の出版の動機の一つもそこにある。霊的治療はこうした目的の達成のために霊界主導により、近年とくに促進されていることがハリー・エドワーズの主著などによって明確に読みとられる。

5 **シッター(Sitter)** 通常、交霊会への出席者のことをいう。ここでは霊的治療法習得のために交霊的な瞑想を実修する人のこと。

6 **リスター卿(Joseph Lister)** 英国の外科医。男爵。防毒殺菌外科手術の完成者。ハリー・エドワーズの指導霊のひとりといわれる。

7 **モンズの天使(Angels of Mons)** 英国のジャーナリスト、アーサー・マッケンによって報告された第一次世界大戦中の逸話。英国の兵士がモンズ(ベルギー南西部の都市)の戦いに敗れて退却中、中世の騎馬の射手の一隊の亡霊を見た。ある将校は二〇分にもわたってこの行進を見ていたという。ドイツ兵たちもこの亡霊の兵の一隊が英国兵の背後にいるのを見て、英軍への攻撃を控えたところから、英軍への天使の守りがあったと考えられた。

8 **ジャック・ウェバー(Jack Webber 1907―1940)**　南ウェールズに生まれ、一四歳のとき鉱夫となる。両親は篤信のプロテスタント。二一歳のときにローダ・バレットという女性と出会い結婚するが、このローダの家が確信的なスピリチュアリストの家であった。ジャックは初め、スピリチュアリズムを全く信用せず莫迦気たことと思っていたが、婚約者と一緒にいたい一心で交霊会に参加するうちに、突如天賦の物理的心霊能力を発揮するようになった。一九三八年のロンドンでの交霊会以降、ハリー・エドワーズとジャック・ウェバーは急速に親交を深め、運命的な導きで、ジャックはハリー・エドワーズの隣家の住人となる。その後の交霊会はすべてハリー・エドワーズが後援者となり、二〇〇回以上もの交霊会が行なわれ、多くの有名人が参加した。様々な物理的心霊現象は、ジャックの身体が強く緊縛されて椅子にくくりつけられているという条件のもとで起こった。その典形的な例としては以下のようなものがある。ジャックの上着(その上から緊縛されて椅子にくくられている)が、瞬時に縄の下から抜け出て部屋を飛び床に落ちる。その音と同時に燈がつけられるが、ジャックの身体は椅子に縛りつけられたままである。燈が消され一、二秒後にまた燈がつけられると、上着は元通りジャックの身体に戻っている。『サンデー・ピクトリアル』紙の記者バーナード・グレイはこの模様を一九三九年の五月二八日号に、自己の観察の正確なることを宣誓した上で記事にした。ジャック・ウェバーの交霊記録はハリー・エドワーズの著した『ジャック・ウェバーの霊媒現象』という本にまとめられて、幾葉もの貴重な写真と共に記録されている。一九三八年ジャック・ウェバーは三三才の若さで突然脊髄膜炎にかかり、エドワーズの必死の治療の甲斐もなく不帰の客となる。この前後のエドワーズの痛恨の模様は本文に見られる通りである。

9 **クーエ療法**　フランスの自己暗示治療家クーエ(Emile Coué 1857―1926)の創始した治療法。クーエはトロアで薬剤師として生活していたが、催眠術を研究し、やがて自己暗示に基づき想像力に訴える療法を案出してナンシーに治療所を設けた。

10 **発窩術**(**Couching**)　白内障の治療で、不透明になった水晶体を転位する手術をいう。

11 **シルバー・バーチ**　現代を代表する英国のスピリチュアリストであったモーリス・バーバネルの支配霊で、古代アメリカ・インディアンの霊。モーリス・バーバネル(1902―1981)は初め不可知論者であったが、ある時、調査の目的で行った交霊会の席で意識を失ったことがきっかけで、このインディアンの霊のコントロールを受けることになり、以後数十年にわたり入神霊媒として霊信を受け取った。シルバー・バーチは、より高級な霊界の指導理念をとりまとめてバーバネルに伝える中継霊の役目であるという。バーバネルはこのことがきっかけで確信的なスピリチュアリストとなり、後に心霊紙(週刊)『サイキック・ニュース』および一〇〇年の伝統を持つ月刊誌『ツー・ワールズ』の編集長となり活躍した。シルバー・バーチの霊信は、現代スピリチュアリズムをリードする最高水準のものとして世界的評価が高い。

解説

ハリー・エドワーズについて

霊的治療といえばハリー・エドワーズ、ハリー・エドワーズといえば霊的治療といわれる。この領域に知識と関心を持っている人々は、皆一様に、ハリー・エドワーズを霊的治療における世界最高峰とみなしている。率直に言って、こと霊的治療ということに限って言えば、彼の実績はかつてのキリストの仕事を上まわったと言っても過言ではないであろう。どうもそのような役目柄を与えられて出現した人物のようであるし、われわれは「なぜ霊的治療は可能か」という問いを、キリストに対して問いかける代りに、同時代のハリー・エドワーズに問いかけてもよいように思う。近代的知性を備え、条理を尽した証明とデータを十分に提示し、しかも実際活動において前人未踏の業績を達成し、かつその実践についての方法を普遍化したハリー・エドワーズは、まさにこの問に答えるのに適《ふさ》わしい人であったろう。

ハリー・エドワーズは一八九三年ロンドンに生まれ、先年（一九七六年）その恩恵を蒙った世界中の何百万人にものぼる人々に惜しまれながら没した。その自記するところによると、前半生は霊的治療とは全くかかわりのない生活を送っており、霊的治療に従事したのは四〇の坂を越えてからのことである。ある友人の奨めでスピリチュアリストの集会に出て、霊能力者から彼自身治療能力のあることを指摘され、半信半疑でその治療能力者開発グループに参加したのがきっかけであった。それまでは印刷業と兼業の文具商を営みながら、政治活動に興味を抱いていた。第一次世界大戦に従軍して大尉となり、また第二次世界大戦後は退役軍人を組織する国連の分科会の役員などもしていた。何度か英国議会に立候補したこともあるが、その方はうまくゆかなかったらしい。キャムバーウェル平和会議の議長をつとめたり、極刑廃止協会の書記官をしたりしたことがある。

このような公共の仕事への関心は早くから持ち続けていたらしい。一五歳の時には、当時ロバート・バッデンポーウェル卿の夫人と姪の治療をひきうけることになる——本文参照）のちになってエドワーズは奇しくもこのバッデンポーウェル卿の呼びかけに呼応し、積極的な活動を行なってボーイ・スカウト運動のパイオニアの一人となった。一八歳の頃にはロンドン自由党協会の書記となっている。

一九一四年に第一次世界大戦で従軍し、陸軍の厚生事業活動や労務管理の面で大いに力を揮った。傍ら、インド、ペルシャ、イラクなど滞在する東洋各地の宗教に興味を抱き、その調査研究を行なうと共に、思いがけない秘教の儀式や秘儀にも触れたようである。このときの様々な経験や見聞が、後のスピリチュアリストとしてのハリー・エドワーズの成長を充分に富ませたであろうことは想像に難くない。

霊的治療およびスピリチュアリズムとの接触があったのは一九三五年である。この前後のエピソードは本書にも述べられているが、スピリチュアリストのグループの交流と共に、まるで待ちかねたように生来の治療能力が開花したのである。その治療実績と影響力は日を追って増加し、年と共に霊的治療の至宝と仰がれるようになり、その名は英国全土ばかりか、世界中に知られるようになった。

最初は自分の住居を治療所としたが、訪れる人の数は引きも切らず、一九四七年には、イングランド南東部、サリー州ギルドフォードのシェアの素晴しい景観の地に治療院（*The Harry Edwards Spiritual Healing Sanctuary Trust*）を創設し、十数人の同僚治療者並びに協力者を擁し、直接治療および遠隔治療によって世界的規模の治療活動を行なうに至った。一九五〇年頃には、世界各地からの治療依頼者からの手紙が、年間七〇万通を超えたという。数々の奇跡的治癒の実績は、英王室をはじめとする英国各階層の人々や、識者や多くの医師からも認められた。高潔無欲な人格と熱烈な使命感に溢れる奉仕の精神は、彼と接するすべての人々の心を打ったと言われる。また付け加えれば、ハリー・エドワーズが治療費を請求したことはただの一度もなかった。

一九五四年九月、彼は、ロンドンのロイヤル・アルバート・ホールにおいて公開治療実験会を催した。この日に集まった人の数は六〇〇〇人を超え、この種のものとしては未曽有の規模のものであった。大司教の委員会から一七人以上の委員、教会治療委および英国医師会の代表らが列席した。これらの人々の前で彼は次々と、不治を宣告された病人たちに治療の実際的効果があらわれるのを実証してみせた。この年、彼は新たに組織された英国霊的治療家連盟の会長に選出されている。

霊的治療に専心してからのハリー・エドワーズは、治療に明け暮れる毎日で、その仕事は神の軍勢の進軍のように、ひたすら切れ目なく淀みなく続いている。患者の数は日を追って増加し、世界中の人々が治療を求め、世界中の霊的治療家が彼を師表と仰いだ。シェアの治療院は世界中に知られ、医師ですらも彼の実績の前には脱帽し、彼の意見を尊重した。

こうした中で、彼が霊的治療の経過や成果を記録し、資料保存に心掛け、また医師の立会いを歓迎し、本書の註にも見られる通り、何人たりとも真摯な研究者に対してはこれを公開するという公正で実証的な態度をとりつづけたことは特筆されてよかろう。彼は初期に既に一万人の治癒例の報告書を作成している。また大司教が委嘱した英国医師会の調査委員会が、霊的に治癒した六例の報告を求めたときは、七〇以上もの実際に調査しうる最近例を提出している。

彼の治療には何らの宗教的な身ぶりも、衣裳も、思わせぶりなことばもなく、むろん厳《いか》めしさや尊大な態度もなかった。彼にはいつも微笑みと溢れんばかりの光と、そして治癒があった。

弟子のブランチは師のエドワーズに対し「四、五百年に一人の人」「キリスト以来の最も偉大な霊的治療家」「キリスト以来最も人々に愛された人」などの最大級の讃辞を捧げている。また師の人物の巨大さを表現しようとして、「もし彼が映画製作者であったとしたら、あのセシル・B・デミルの叙事詩的映画を幻燈写真のように思わせてしまったろう」などと述べている。むろん、これらを弟子の欲目から見た過褒《かほう》と受け取ることもできよう。しかし、ブランチは彼の眼に映じたエドワーズの姿を次のようにも叙している。朝、エドワーズが戸を開けて現われ、ひと言「お早よう!」と言うと、どんなに悪天候の日でもあたり一面に太陽の光が満ちわたるようであった、と。ブランチの心の中に焼きついた師のイメージはひたすら人々への奉仕に身を捧げる姿であった。エドワーズは患者に向かって微笑をたたえ、身を前かがみにのり出し、手を差しのべて言う。

「さあ、ここへ来て坐りなさい。あなたを治療し、魂を洗い直して差し上げましょう」

四〇年に亘って彼の前には人の行列があり、手紙の山があった。彼は決して倦まず、いつも快活で、自分の使命を愛していた。多くの人々が彼を聖者とみなしていた。公開治療サーヴィスの日があると人々が彼を取りまいて少しでも彼の衣服や身体に触れようとした。それはさながら聖書の一場面を思わせる光景であった。

そんなとき彼には全く聖師めいたふるまいも表情もない。彼の身体には与えても与えきれない「愛」が詰っていたかのようである。死の数時間前まで患者のために手紙を書いていた彼は、安楽椅子に腰をかけて休息をとる間にこの世とあの世の境を越えていたのである。八三歳であった。しかし彼は、死の前に、普通の人には必要な死後の安息は自分には必要ないから、帰幽後直ちに自分の治療の仕事を続ける、とブランチに書き残した。とすれば、椅子から立ち上がったとき、彼は再び治療の仕事を始めていたはずである――。

さてここで、ハリー・エドワーズの霊媒能力について述べておきたい。これについてはこれまであまり知られていなかったのであるが、近年出版された後継者レイ・ブランチの『ハリー・エドワーズ伝』(Ramus Branch, *Harry Edwards*, 1982)は、かなり詳しくこの点に触れている。

血縁上でみると、エドワーズの母親が霊能者である上に二人の伯母にも霊能があった。熟練した印刷工であった父親は死後の世界など信じない合理主義者であったが、自分の妻の霊能だけは信じていたという。エドワーズもどちらかといえば父親の合理主義的な気質を受けついでおり、いわゆるスピリチュアリズムというものを信用していなかった。

このエドワーズがスピリチュアリストのグループと接触を持ったのは、妹の息子が交通事故にあったとき、家族の友人がある霊媒から聞いてきたことが、事実と符合したからであった。このことがきっかけになって（本書には友人の奨めによってとある）スピリチュアリストの教会（欧米ではスピリチュアリストのグループが「教会《チャーチ》」という形で各地に集会場を持っている。英国にはとくに多く、たとえばロンドンだけでも六〇以上のスピリチュアリスト・チャーチがある。）に出掛けていったエドワーズは、そこの霊媒から生まれついての治療能力を持っていると指摘される。このことから興味を覚えて、他の二、三の教会に行ってみると、どこでも同様なことを言われた。そしてとうとう彼は、霊能者の指導する「治療能力開発サークル」に参加することになった。

何度目かの会への出席のとき、エドワーズはふいに自分の身体がリズミカルに震えるのを感じた。呼吸が速くなり、それと共に心が一つの想念にはりついたようになり、それを外に吐き出したい想いにかられた。しかし咽喉の動きがそれについてゆけず、発言することはできなかった。

ある日、新しい力が彼に加わったのを感ずると同時に、彼は立ち上がり、もはや抑えることができなくなり、大声で「すべての人に平和を！」と叫んだ。

これはいわばエドワーズの潜在意識のもやもやを吐き出したようなものであったが、このことがあってから発言はスムーズになり、彼の考えてもいないことばや思想が口をついて流れ出るようになった。こうした状態でエドワーズは、様々なヴィジョンが彼の眼前に展開するのを見るのであった。

こうしたことがあって、ハリー・エドワーズは、ある時期、所々のスピリチュアリスト・チャーチでいわゆる入神演説《トランス・スピーチ》をしていたことがある。

彼の霊的体験にとって決定的な役割を演じたのは、ジャック・ウェバーとの出会いであった。ロンドンの交霊会で知り合って以来、二人の親交は運命的なものとなり、眼に見えぬものの計らいによって、ジャック・ウェバーはエドワーズの隣家に移り住むことになった。

以来ハリー・エドワーズは二年にわたってジャック・ウェバーの交霊実験会の後援者となり、二〇〇回以上の交霊会を主宰した。その大部分は、エドワーズの自宅内で行なわれた。

ジャック・ウェバーは鉱夫出身の天恵的物理霊媒で、直接談話《ダイレクト・ヴォイス》、テーブル浮揚、物質化現象、物品引寄せ《アポーツ》、縄抜け等の様々な心霊現象を現出せしめ、多くの著名人や研究者がこれを目撃している。これらの交霊会の模様は、後にエドワーズの著わした『ジャック・ウェバーの霊媒現象』という著書に、貴重な写真と共に詳しく記録されている。

ジャック・ウェバーの指導霊ルービン（Reuben）は生前南アメリカで教師をしていたが、四〇歳を過ぎてから英国に渡り、そこで夭折したといわれる。たいへん教養のある立派な指導霊で、医学的知識もあった。このルービンが、ウェバーを通してしばしばエドワーズの「重要な使命」を仄めかしていた。ジャック・ウェバーの死後（本文参照）、このルービンの霊がエドワーズに憑《かか》るようになった。ウェバーの死後一週間ほどして、ウェバーの妻と話をしているエドワーズに、突然ルービンの霊が憑《の》り移って、ウェバーの妻の悲嘆を慰めたという。

ジャック・ウェバーの死後、エドワーズはウェバーを上まわる能力者であったといわれるアーノルド・クラルと出会い、数々の交霊実験を行なうが、後にこの霊媒の交霊記録も『アーノルド・クラルの霊媒現象』という本にまとめて上梓している。あるとき、このアーノルド・クラルの交霊会で、多数の人の目撃する中で、亡くなった友人ジャック・ウェバーの完全物質化した幽姿が出現し、エドワーズはこれをまぢかで子細に観察することができた。

こうした二度までの得がたい経験は、ハリー・エドワーズを確信的スピリチュアリストにしたてるのに極めて重要な役割を果したものと思われる。というよりも、これらの経験は、彼がこの先四〇年余に亘る偉大な治療の使命を、何ものをも恐れず、断固として遂行するためには不可欠な予備体験であり、彼に霊的世界についての確固たる認識を得させるべく与えられた、天与のものであったのではあるまいか。少なくとも彼は、こうした天恵霊媒との親密な交友と実験観察を通して、霊界の優れた働き手たちと同調交流する技術と呼吸を体得すべく充分な時と機会を与えられたのである。

ハリー・エドワーズは治療の傍ら、一週間に一度、月曜日の夕方から一時間ほど、弟子のバートン夫妻と定期的交霊会を持っていた。これには後にレイ・ブランチ夫妻も加わることになった。ルービンをはじめとする様々な指導霊たちが、完全な入神状態にあるエドワーズの口を通じて、治療中の患者たちについての問題点や治療理論について語り、質問に答え、ユーモアを交えた討議にさえ応じた。ある時は、入神中のエドワーズの身体に椎間板変位の状態を故意につくり出し（これは正常な意識の状態では耐えがたい）、それを診断させ、またそれが治療によって元に復してゆく様を出席のものに実体験させたという。こうした交霊会の記録はテープにとられ、ハリー・エドワーズの治療理論の土台となった。むろん交霊中のエドワーズには意識は全くなく、入神から覚めたエドワーズは、まず「今夜はどんなことがテープにとれたかね？」と聞くのが常であったという。

ハリー・エドワーズの指導霊としてはルービンの他に防毒殺菌外科手術の完成者であるリスター卿、パスツール、ロシアの外科医メチニコフなどの治療霊や、ローマ・カトリックの高位の聖職者であった霊などが知られている。これらの指導霊の存在は数人の霊媒によって交叉的に確認され、有名な心霊画家（霊視した霊の肖像画を描く画家）フランク・リー（Frank Leah）は霊眼に映るままにリスター卿とパスツールの像をエンピツ画で素描している（口絵参照）。なお、エドワーズの主要著作には以下のようなものがある。

"Spirit Healing"
"The Healing Intelligence"
"The Power of Spiritual Healing"
"Thirty Years a Spiritual Healer"
"A Guide to the Understanding and Practice of Spiritual Healing"
"Life in Spirit"
"The Mediumship of Jack Webber"

霊的治療とスピリチュアリズム

霊的治療などというと、こういった方面にこれまであまり関心のなかった人や、その可能性を考えてみたこともない人にとっては、極めて神秘的に見えるか、荒唐無稽なことのように思えるであろう。

しかし「治療」ということに関心を持たない人はいないであろうし、現代医学の行なう治療以外のやり方で、実際に多くの奇跡的な治癒が起こりうるならば、いったいその理由が何であるかを知りたくない人はいないであろう。実のところ、どんな人でも自分が治療家でありたい願望を秘めているのである。

どの道でも、基礎知識や学習は必要である。まして、これまで未知であった領域の事柄であれば、それに適わしい知識の習得に要する時間と労力を惜しんで、その領域の存在全体を否定したり、軽侮したりするべきではない。それは少なくとも人間的な態度ではないし、そのような態度によって人間や宇宙に対する真に重要な観点が失われてしまうように思われる。

ルルドの聖癒や、最近騒がれた心霊手術やその他の神秘的治療家の話やそれにまつわる奇跡的治癒については、耳を塞《ふさ》いでいても飛びこんでくる情報が多いし、一方で、幼児期以来期待に胸を膨らませて、成長と共に失望を味わわされ、否定することを学習させられた魔法使いの物語が心の中にあり、両者の間で混交が起こっている。期待と失望の繰返しのうちで、多くの人々がそれらに対する否定と拒否の態度を選択したのであり、これは一応もっともなことであると思われる。しかしよく調べてみれば、幼児期に語られる物語や神話には、人間のアーキタイプについての、省略され、断片化された一面が表現されている。物語的光彩を与えられた情報ではあるが、事実との少なからざる対応のある場合も多い。現代スピリチュアリズムと心霊研究についての基本的理解を持つならば、これらの世界についての新しい理性的な照明が与えられるはずである。

さて、不可能と思われる霊的治療も次のことを基礎知識として知り、前提として受け入れるならば、よほどその奇妙さの度合いを減ずるようである。

㈠霊魂および霊的世界が存在し、死後にも人間の個性は存続する。

㈡この世（現世）とあの世（霊界）は交渉可能で、両者は相互作用を営んでいる。

㈢霊魂はそれぞれ永遠に進歩向上する。

この三つは世界的に受け入れられているスピリチュアリズムの基本テーゼでもある。しかし、霊的治療について理解するためには、更に幾つかの事項を加わえることが便宜であろう。

まず人間を単なる物質的肉体と見る考え方を改める必要がある。霊的な観点から見れば、人間の肉体には更に精妙な波動を持った霊的生命体が複合しており、また肉体の心とは別に、霊的生命体を統合する心も存在する。この霊的な身体と心は、先に述べた霊的な世界およびそこの居住者たちと相互交渉を持っているとされるのである。

現代医学は、物質の観点から見た肉体を扱っているので、その限りにおいての有効性を持ってはいるが、当然のことながら、霊的な原因に対しては処置しえないのである。従って肉体の側から見た種々の処置困難な事例や不治の病が存在することになる。

しかしこれを霊的な世界から見れば、その処置がさほど困難でないものの範囲はずっと広がる。霊的な次元の処置と変化はやがて物質的次元にも現われるので、病者は肉体的にも治癒することになるのである。

スピリチュアリズムの基本認識の第三項で、魂の永遠の進化向上が信ぜられていると述べたが、ある段階以上の霊界居住者たちは、この世に在るわれわれよりもはるかに高度の知性と活動力を備えていることが確認されている。これらの中でも、人間の身体の不調についての特別な知識と治療行為についての情熱を備えた霊人(それはしばしば生前において医師であった霊医であるとされる)が指導霊として実際に働くことによって難病が癒されるとするのである。

スピリュアリズムにおいては、霊的治療の概念ははっきりしている。治療を行なうのは人間でも神でもなく、又何かわからぬ宇宙の法則のようなものでもない。治療を行なうのは、われわれの身・心・霊について、われわれ以上にはっきりとした知識と処方を備えた霊人《スピリット》が行なうとされているのである。神や仏が治療を行なうという立場に立てば信仰治療《フェイス・ヒーリング》になるので霊的治療とは一線を劃すことになる。

ハリー・エドワーズの霊的治療が評判になりはじめた頃、英国国教会の枢要な人物がエドワーズに面会を求めて、彼の行なう治療が神によって行なわれる治療であることを認めれば、英国国教会はあげてエドワーズを援助すると申し出たことがあった。当時はまだ英国においても霊的治療について抵抗や妨害の多い時期であった。しかし、ハリー・エドワーズは、彼の治療のために多くの霊界人(例えばパスツールやリスター卿などの)が献身的に働いていることを如実に知っており、ルルドなどの信仰によって行なわれる治癒が希な奇跡であるのに対して、霊人たちによって行なわれる治療は日常のことであり、その治療例の数量と効果において、それをもはや奇跡と呼ぶことはできないと言って、この申し出を断ったのである。

ハリー・エドワーズもこの霊人たちの治療の淵源が神にあることを認めるのに吝かではないと言っている。しかし直接的には霊界における霊界人たちのたゆまぬ努力の結果であることを、事実の認識としてハッキリさせなければならないと考えたのである。このことは、スピリチュアリズムの根幹にかかわる問題であって、ハリー・エドワーズの断固たる立場は彼の信念からすれば当然の帰結であろう。何故なら、ハリー・エドワーズこそ今世紀におけるスピリチュアリズム伝導普及の最も重要な使徒《アポストル》の一人であったと考えられるからである。スピリチュアリズムの最大の目的は、人類のために霊魂の存在を証拠立て、人間それ自身がそもそも霊的な存在であることに気づかせることにあるとされる。また交霊を求めてくる高級霊たちは繰返しその点を強調しているという。それ故、霊人の働きをハッキリと宣揚しなければ、スピリチュアリズムの最も大事な点が失われるのであって、スピリチュアリズムの使徒であり旗手である彼が、地位や名誉を保証する英国国教会の甘い誘いに乗るわけはなかったのである。

現代アメリカの最も有名な治療家であるオルガ・ウォーラルの場合を考えてみると、彼女はキリスト教メソジスト派の熱心な信者であるので、その治療は神によって行なわれると建て前上は言っているが、彼女の言動を記録したものをみると、その実は明らかに霊的治療である。彼女もまた霊人の関与を明言しているからである。従って信仰治療の立場に立つ人もその実体は霊的治療である場合が多いと知るべきであろう。

繰返すが、肝心な点は、霊界や霊人がこの世の我々と同じく、いやそれ以上により本質的に、いきいきと実存する存在であることを示す点にある。近代スピリチュアリズム勃興の初期においては、霊人たちはこれを専ら物理的心霊現象の惹起によって示そうとしたのであった。それは当時、あまりに唯物的傾向の深まる人々の間では、物的証拠をもって霊界の存在を実証する必要があったためである。しかしこの証明法には、物理的心霊現象の生起する交霊会の条件が難しいことや、現象惹起のために低級精霊界を使役するという点の弊害も難点とされたようである。しかし、現代においてはそうではない、と世界的に有名な指導霊シルバー・バーチは言っている。現在この世に再生しつつある魂は、前の時代よりも、霊的な真理を受け入れ易い素地を持って生まれて来ているという(宝瓶宮時代《アクエリアン・エイジ》の始まり)。従って証明の仕方も、より主観的な現象で充分な時代であるという。その中でも霊的治療が最も有効な働きをするであろうと考えられており、さればこそ霊界はこぞってこの霊的治療の成就のために力を尽そうとしているというのである。これがスピリチュアリズムにおける霊的治療の意味である。

霊的治療においては、病気の治療は第一の目的ではない。真の目的は霊的真実に眼を閉じた人々の眼を覚ませることにあるのであって、その点においてはスピリチュアリズムの目的と同じである。というよりも霊的治療は、人類の霊的覚醒を目ざすスピリチュアリズム運動の強力な手段として、霊界において強く意識されているということである。

およそすべての病気には原因があるのであって、霊界次元からみれば、より高い次元への魂の進歩の為ならば、人が病に苦しむこともあながち悪いことではない。翻って魂次元の向上が伴うならば、霊界からみて、いかなる病の消滅も可能であり、又自然でさえある。諸宗教の信仰に治病の伴うのはこの為であり、そのためにこそ霊人たちは嬉々としてその治癒のために力を貸すのであると言われる。これに対し、たとえ肉体上の病気が表面上治ったとしても、患者の霊的覚醒や魂の向上を伴わないのであるならば、その治療は失敗であったとされる。治療に手を貸した霊人たちに何の喜びもない。霊的治療による霊癒を受けた人々が自らの霊性を自覚して、魂の成長を考える方向に世界観を修正できるきっかけを与えうるならば、治療霊はその目的を達したとされるのである。

人間存在の複合的構造

ハリー・エドワーズは複合した二つの身体、すなわち肉体と霊体と二つの心、すなわち〈肉体的な心〉と〈霊的な心〉を合わせて、全体で「総体としての自己」と表現している。第二章での彼の説明は理解し難いと思われるので少し敷衍しておこう。

人間は肉体と霊体の複合から成っているが、ハリー・エドワーズによれば、その各々が〈肉体的な心〉〈霊的な心〉というように、それぞれの身体を統合する「心」を持っている。この点はハリー・エドワーズ独自の説明であり、用語であると思われる。われわれが通常言う心とか現意識とかはこの両者の出合い、交錯する場所のことで、その一部が意識化されているにすぎない。〈肉体的な心〉は物理的な感覚の受容と感知、快適さ、性的表現、有機体の方向、世俗的な知識の収集と支配などにかかわっており、一方、〈霊的な心〉は生命の持つ高低の動機、理想主義や野心、感情、愛、憎しみ、寛大さ、卑しさなどにかかわっているとされている。こうした分析がどこまで正確なものかわからないが、ハリー・エドワーズ独自の分類法から見て、前者は専ら肉体に直接連動して動く心の働き、後者は主として感情および情操として普通に表現される心の働きを指すものと思われる。とは言ってもここで表現されたのは、それらの心にかかわっているものとして抽出されたのであって、それによって〈肉体的な心〉と〈霊的な心〉のすべてが表現されたものと考えるべきではないであろう。つまり、〈霊的な心〉については、われわれは通常あまりよく知っていないと言えるのである。

読者はここで、われわれの「思考」が二つの心のうちのいずれにも属していないことを奇異に思われるかもしれない。ハリー・エドワーズはこのことについて述べていないので推測になるが、彼の分類に従えば、「思考」は両者の中間的なもの、ということになるであろう。現意識は二つの心の交錯する場所であるからである。またいわゆる「理性」は、この中間物である「思考」と〈霊的な心〉の中に認められる良き情操が結びついたものと理解することができよう。それはともかくとして、〈霊的な心〉は〈肉体的な心〉の経験をその進歩のための糧としており、また、〈肉体的な心〉は〈霊的な心〉からの刺戟によって活動するというように、両者の相互作用が認められている。〈肉体的な心〉の刺戟を受けて〈霊的な心〉の発達を図るというところに、霊魂としてわれわれが、この世に生を受けて現世での活動と経験を重ねなければならない理由があることを、ハリー・エドワーズは示唆しているようである。

もう一つハリー・エドワーズの独自な観点を示すものに〈身体知性〉の概念がある。〈身体知性〉はほとんど意識化されることはない。〈肉体的な心〉よりも更に肉体それ自身に結びついた、いわば半自動制禦機構のようなものであるらしい。しかしまた独自の判断と全体的作用を行なっているので、それを一つの「知性」と呼ぶことができるというのがハリー・エドワーズの考え方である。この〈身体知性〉はたとえば肉体に外傷が生じた場合に、その場所に血小板をどのくらい供給し、また病原菌の侵入に対してどのように対応すべきかを迅速に決定する。この著書においては述べられてはいないが、腺組織などもこの〈身体知性〉と結びついた下位の知的組織として考えられている。（Harry Edwards, *The Healing Intelligence*, 1965）

ハリー・エドワーズによれば、身体ばかりかわれわれの細胞も一つの知性を備えているとされる〈細胞知性〉。心が〈肉体的な心〉も〈霊的な心〉もそれぞれ知性であるのは当然のこととして、完全に肉体から分離して存在する霊もまた一つの知性である。そうした場合の霊的知性《スピリット・インテリジェンス》とは、単に「霊」または「霊人」と言うのとはほとんど変わらない意味である。

〈身体知性〉は物質としての肉体に直接結びついた機構なので、これの不調や弱体化が病気の原因となるであろうことは容易に想像される。しかしこの〈身体知性〉は半自動化しているのでひとたび不調を起こした場合には回復の手続きが厄介である。大部分の場合はこれも自動化されている回復機構の範囲内なので問題ないのであろうが、その範囲を超えてしまった場合には困ったことになる。

われわれは通常、この〈身体知性〉を意識的に操作することはできないようになっている。表面意識はこの〈身体知性〉と連結していないからである。また逆にそれが可能であれば、身体の機能が思考と連結しすぎるという不都合が生ずるであろう。この機構は表面意識からは独立していた方がよいのである。生命維持の恒常的機能に対し表面意識がいちいち影響を与えているようでは具合がわるい。しかしこのことには、不調が生じた場合に意図的な修正ができないという欠点も存する。

何かの理由によってこの〈身体知性〉の働きに重大な狂いが生じてしまったときに、これをもとの正常な状態に戻す方法はないであろうか。このような際には、確実な方法ではないが、間接的な手段で目的を遂げることができる場合もある。これには表面意識を用いることができないので、潜在意識に働きかける方法がとられる。催眠療法はこの手法を用いていると考えられる。また一部の民間療法や「まじない」もこの〈身体知性〉に間接的に働きかける方法として効果を持つようである。これらは治癒を目的とするという意図のみを明確にして、その治癒にいたる手段としては、故意に、表面意識や合理的思量の働きようのない手段を提示するのである。

しかしもっと確実な方法がある。それは、直接に〈身体知性〉に働きかけることができるとされる〈霊的な心〉を用いるか、または治療霊の「想念指令」に委ねる方法である。

〈霊的な心〉の活用

ハリー・エドワーズによれば、霊的治療の実施という面から考えると、〈霊的な心〉の活用ということが最も大事であり、また出発点にもなるとの考え方のようである。われわれが霊的治療というものを可能だと考えなかったのも無理はない。結局、われわれはこれまで霊体や〈霊的な心〉の用い方については何も知らなかったわけである。というよりも、第一にそれらの存在すらも疑っていたというのが実情である。あると仮定すらしないものの活用を考えることは問題外だったのである。霊的治療の成功不成功は、われわれがこの〈霊的な心〉の用い方に成功するかどうかにかかっていると言ってもよいであろう。

霊的治療を行なうためには、まずこの〈霊的な心〉の使用法を習得しなければならないのは当然である。ハリー・エドワーズによれば、霊的治療を霊人（治療指導霊）に依頼する際の情報の送受信に使われるのはこの〈霊的な心〉なのである。〈霊的な心〉が治療霊との同調状態を達成することによってはじめて、治療内容が明確に伝えられ、また治療霊の想念指令を受信することができる。治療家は自分自身を受信の通路とすることによって、これを患者の〈霊的な心〉に伝え、結果として治療霊の影響力を患者の肉体にまで及ぼす。治療家は想念指令のみではなく、必要なエネルギーの転送経路ともなるようである。このために治療家は患者とも同調状態にならなければならない。必要なのは同調の技術であるが、どうすればこの同調状態を獲得できるかについては、本文の中から充分に汲み取っていただきたい。と同時にかなりの実修的努力が必要であると考えられる。

一つ大事な点は、出発点となるわれわれの通常意識は、〈肉体的な心〉と〈霊的な心〉の交錯点であるが、どちらかと言えばこれは、肉体を用いることの方に相当量の関心とエネルギーを割いていることである。そこで日常においては、当然のことながら、〈霊的な心〉の働く余地は少ない。古来、霊的な修業には肉体的欲望の滅却を必要とすると言われており、このことが通俗的な倫理観と結びついて語られて来たようである。しかしその説明が本質を衝いていないために、妙な力みに心がいってしまって、結局は〈肉体的な心〉の放却にならず、逆の効果になっている。本書をお読みになった人は、この点に対する理解をすすめられ、〈霊的な心〉の活動する所以を深く知って、もっと自然に同調状態を達成するように工夫を重ねていただきたい。要は、〈肉体的な心〉を鎮めて、〈霊的な心〉を浮かび上らせるまでのプロセスをどうするかという問題である。このことには他の霊的な修業への示唆も含まれているように思われる。

すべての宗教的儀礼や、民間信仰における呪的行為はこの〈霊的な心〉を浮上させ、活性化させるという目的に沿う場合においてのみ有効なのだと考えるべきであろう。感情作用は、西洋の合理主義的伝統の中では、しばしば無用の長物であるか悪しき影響力の源として語られているが、実のところそれは人間の心の全体の中における一つの自然であり、重要な働きを担っている。霊的な情操も一つの感情状態であるが、心頭を滅却するからといって、この霊的情操状態までを放擲してしまう必要は全くない。感情や情操は、霊的なものが互いに作用し同調する際の同調の帯域の質的決定に役立っており、また同調のための目印ともなっている。霊的治療において基本的な「愛」の心の状態が必要とされるのは、こうした同調のための実際的必要からも要請されるのだと理解すべきである。憎悪や恐怖などの悪しき感情状態もまた霊的な世界への一つの同調の役目を果しており、それなりの霊を引きつける結果になっているのである。とすれば、治療に必要な霊的情操がいかなるもので、それがいかなる役割を果たすかも自ら明らかであろう。宗教意識の研究の中で言われるヌミノーゼや回心《コンバージョン》の意識状態はこれらの霊的な同調にプラスの働きをするようである。

霊的治療家の素質

霊的な世界と物質的な世界は一つの大きな全体的法則のもとにあるが、しかしまた他面、両者は異なった特性を備えた世界で、相互交渉を持つためには中間者として媒体を必要としている。われわれ人間はすべてある度合いにおいてこの媒体であるが、その中に、霊的エネルギーを物質的エネルギーに変換するための極めて有利な条件を具備した人々がいる。こうした一群の人を霊媒（Medium）と呼ぶが、治療に関して言うときは、「治療霊媒」（Healing Medium）と呼ぶ。このような先天的な素質を持った人々が存在し、これらの人々は、訓練と能力開発によって優秀な治療家となりうるということが理解されなくてはならない。

〈霊的な心〉が治療霊と同調する技術を開発できた人を治療家と呼ぶ、とハリー・エドワーズは定義している。大雑把に言ってそれでよいと思われるが、もう一歩踏み込んで、霊的治療を可能にする霊的素質者の問題に触れておきたい。

心霊現象の全般的な観察事例から、心霊現象が生起する場合に、その現象生起の媒体となり、エネルギー通過の通路ともなる霊的素質者（霊媒）の存在が必要であることがわかっている。言い換えればそうしたチャンネルが存在しないと現象は生起しないのである。また物理的心霊現象においては、生理学者のシャルル・リシェが名づけたエクトプラズムなる半物質が霊媒者からとり出され、これの持つ可塑的自在性が、現象の背後で大きな役割を果していることが繰り返し確かめられてきたのである。

このことから、物理霊媒は、このエクトプラズムの基となる生命原質を多量に蓄えており、またこれを肉体から分離して体外にとり出し易い性質を持っているものと推理される。通常人もこの生命原質を体内に持ってはいるが、量的に少ないか、体外に出し難い状態にあると考えられる。そして、これを一定量以上体外に放出すると死に至るとも言われている。

霊界の存在者は、霊媒の持つこのエクトプラズム原質に眼をつけてこれを体外に引き出し、意のままに使用する。(この時、この生命原質に他の未知の霊的物質を加えると言われている。元工業技術院長で心霊研究者の後藤以紀博士はこれを霊界における「酵素」のようなものではないかと想像されている。つまり体内にある状態のままでエクトプラズムとよぶのは適当ではないようである。)従って物理的心霊現象を生起させるためにはこのエクトプラズムの存在が欠かせないことになる。

が、一方で、この生命原質の多量な保持者である霊媒者は危険にも晒される。なぜなら、この生命原質を使用してこの世と接触を持とうと希望する霊界居住者は、必ずしも高い知性を持った霊や善き霊ばかりではないからである。むしろその逆であることが多い。通常管理された交霊会で接触を持ってくる霊は善き意図のもとに管理されているが、そうでない場合には、幽霊屋敷やその他の芳しからざる現象や不祥事の発生と結びつき易い。異常物理現象の生起は、異常な病変の起こり易い原因でもありうる。インドの聖典バガバッド・ギーターに、一般の人がこの生命原質を漏らさないように、またみだりに霊媒者とならないように警告しているのはこのためであろう。

しかし一方、こうした霊的素質者が高い霊界からの段階的な統制を受けて、霊魂実在の実証のための大きな仕事をなしうるのも事実である。また霊的治療も心霊手術の領域になるとこのような種類の素質者を必要とすることは確かであろう。なぜなら心霊手術は物理的な心霊現象の意味合いが強いからである。厳密に言えば、霊的治療と心霊手術は異なったものである。

エクトプラズムの供給者は霊界からの完全コントロールを受け易く、その分入神状態にも入り易いと思われるが、ハリー・エドワーズは、霊的治療においては入神状態は必要ではないと言っている。

同じ霊的治療でも、ハリー・エドワーズやM・H・テスターのように白日夢的半意識の中で行なうものと、ジョージ・チャップマンのように完全な入神状態で人格転換を起こして行なうものとがある。チャップマンの場合は、施療中は霊界人たるラングが彼の身体を支配している。チャップマン自身は何の意識も持たず、治療を終えても何をしたか覚えていない。ブラジルのアリゴの場合もそうであった。

このような特例ではなくても、霊的エネルギーを肉体を構成する物質エネルギーの次元にまで変換して伝えるのに適切な媒体、つまり霊的物質的な中間系路を持った素質者が必要であると思われる。こうした素質者は「生まれつきの治療家」(Born Healer)と呼ばれるのである。しかしながらこのような素質を持っていても肝心の治療霊が関与していなければ何もならない。また治療霊がその人格と霊性を認めて接触を求めてくるような素質者でなくてはだめなのである。こうした両者からの幸福な出会いが優れた治療家を生むのであろう。

霊的治療における治療者の役割

言い古されたことではあるが、治療者は霊人の媒体となりパイプ役となるにすぎないとされる。しかし問題はそれだけに終わらないはずである。なぜ媒体やパイプ役がいなければ治療が行なわれないか、という疑問が残る。霊人は直接患者を治療することができないかという問題である。

一つは、治療者が単なるパイプ役となるばかりではなく、霊的エネルギーの変換媒体ともなることである。霊界次元のエネルギーが、直接この世の力とならずに、幾つかの中継点（霊）を媒介としてこの世のエネルギーに転換されることは、これまでの物理的心霊現象の研究でわかっている。霊人は霊界のエネルギーを集めて患者に注ぎこむが、このエネルギーは、治療者を通してこの世のエネルギーに変換させる必要がある。治療者は一方において霊界次元の高いエネルギーを把握し、一方において患者の身体へ低い波動として変換転送する。従って治療者は高低の両端に接触点を持った存在なのである。この場合、患者の生命力は、治療者によってエネルギーを送り込まれただけでも賦活する。

しかし、霊的治療の真骨頂は、単なるエネルギーの送流入だけではなく、霊人が患者のどこのどの部分にどのような処置を加えればよいか、よく知って、それに適《ふさ》わしい治療を行なうことにある（治療家自身はそれについて知らない）。つまりそれは盲目の接触ではなく、具体的、知的行為であるとされるのである。ということはとりも直さず、高度の知性を備えた霊界人が関与することを意味する。これらの霊人は人智を遙かに上まわる知識と手段を駆使して治療に当っているという。オルガ・ウォーラールは、霊人たちは物質を構成する極微粒子の配列をも変えると言っているし、ハリー・エドワーズもまた、治療霊は癌や腫瘍の除去に当っては、物質の原子構造を破壊する様々の放射エネルギーを使用すると述べている。

治療者のもう一つの役目は、明らかに〝霊的治療の方向づけと焦点作用〟である。治療霊と言えども無制限に誰でも治すわけではなく、またその権能も与えられていないようだ。この点にしばしば現界人の一方的な思いこみと誤解が存在する。治療霊ならば勝手に病人を見つけて治療するだろうとか察しがつくだろうと思いこむのである。しかしながら、治療霊は原則として現界人の要請（ないし祈願）によって活動を開始する。そこでは治療者の要請と選択が方向性として働くらしい。もっと言えば治療者の〈霊的な心〉が方向づけの媒体として用いられるのである。治療者からの患者についての情報も大切である。それ故に治療依頼は霊界に対して明確に印象づけられなくてはならないのである。

霊的治療と心霊外科

こうした霊人の関与は、治療者に対する波動的影響にとどまるものと、治療者の肉体そのものへの人格的融合にまで至るものと二通りある。後者の場合は、心霊手術とか心霊外科と呼ばれる領域に見られるもので、治療する者が治療家それ自身ではないことが如実に現われている。治療霊は治療者の身体を借りて、治療者と一体となり、直接に患者の肉体を処置する。

霊的治療においては、霊人が治療家の〈霊的な心〉に同調することによって、その影響力を患者の身・心・霊に及ぼすのに対して、心霊外科においては、霊人が完全に治療家の身体を支配し、物質的な次元で患者の肉体そのものを処置している。

人間の身体は霊的な世界から物質的な世界に至るまでの幾つかの次元とエネルギー体を重ねた存在であり、霊的な世界の存在者がこの世と接触を持とうとする場合の通路となっていると考えられる。この場合、人体そのものが霊界からこの世への通路であり、一方の出口でもある。つまりこの広大な宇宙の中にあって、人間存在は不可視の霊的世界と感覚の対象である物質的世界を結びつける情報とエネルギーの交換経路であると考えられている。

霊人は波動を落として人間の霊体に接触し、更に波動をおし下げて肉体次元にまで下降する。その間人体に複合する様々な波動が下降のための中継点となるのである。人間存在の複雑な成り立ちが、霊的世界と物質世界の交渉を成立させる場となることを可能にしている。

更に言えば、右のことは人間以外の動物であれ、植物であれ、この世の「生命」を含む存在がすべて、何らかの意味において、こうしたエネルギー変換の媒体となっている可能性を示唆するものである。

肉体の次元まで下向すると、霊人はそのエネルギー体に自分自身を融合させて、それをあたかも自分自身の身体であるかのように使用することができる。一方この身体を使用させる側の人は、この間、自己の意識の焦点ないし霊体を、一時的に自分の肉体から分離しておける特能を備えている。こうした自然的傾向を持つ人を「入神霊媒《トランス・ミーディアム》」と呼ぶのである。こうして霊媒の身体を占有した霊人の言動が、霊媒者とは異なる知能と人格を備えたものであることは心霊研究史上あまりにも度々観察されている。治療霊はこうした状態で半ば霊的、半ば物質的な治療処置を施すものらしい。

このような完全な人格転換を伴って行なわれる心霊手術の典型例がブラジルのアリゴの場合であった（アリゴは一九七一年に自動車事故で亡くなった）。心霊手術のとき、アリゴは彼の生まれる三年前にこの世を去ったドイツ人医師アドルフ・フリッツ博士として振舞った。アリゴ自身は小学校に三年間通っただけの無教育な男であったが、人格転換を起こすと、見学中の医師らとドイツ語なまりの医学用語で話し合うことができた。アリゴを調査したプハーリッチ博士によると、アリゴの診断した患者数百例について調べたところ、その九五パーセントの診断が正確であったという。アリゴの用いた手術用具といえば、何本かのキッチン・ナイフと錆びた爪切り挾みである。(Guy Playfair, *The Flying Cow*, 1975)

ブラジルの著名な外科医レックス博士がアリゴの調査を行なったとき、アリゴは博士の見ている前で患者の眼窩に一本のナイフを突き立て、暫くそのナイフから手を離してブラブラしたままにしておいた。それから眼球を抉り出して、よそ見をしながらその眼球をつっつきまわしていたが、アリゴ自身は自分のやっていることに何の興味も持てないというような様子に見えたという。しかしながらアリゴの手術のスピードは最も熟練した外科医の何倍も早く、レックス博士の見ている一時間の間におよそ八件の手術をこなした。

こうしたアリゴの手術の目撃談は、実際の施術者がアリゴではないということで説明がつく。また、アリゴとは別のブラジルの心霊外科医マリアの場合には、手術中しっかりと眼を閉じていたことが医師によって観察されている。

アリゴの身体を占有したこのフリッツ博士の言うところによると、人体には生命磁場《バイオ・マグネティック・フィールド》(ＢＭＦ)ともいうべき不可視の流動体があって全身を充たしており、心霊手術のときに霊的手段によってこれを除去してしまうと、その部分に人体の他の部分との有機的な関連がなくなり、非定形で無機的な物質だけが残るので、それを処置することはいとも容易であるという(それはあたかも冷凍食品や粘土細工を扱うようなものであろう)。術後にもう一度この生命磁場を流しこんでやると人体組織は元の有機体となる。ブラジルの心霊研究所として有名なＩＢＰＰの所長のＨ・Ｇ・

アンドラーデは、アリゴその他の心霊手術を観察調査した結果、「生命有機化テデル（BOM）仮説」なるものをたてた。この人体を有機化する範型が働く限り、損傷したり、病変を起こしたり、破壊されたりした組織体は元通りに復元しうるとされるのである。問題はいかにしてこのBOMと交渉を持ち、これを活動化せしめるかという点にあるであろう。

これまで心霊研究に多少の時間を当てた人は、前述のBMFやBOMの概念が、エクトプラズムの原料となる生命原質やエーテル体の概念と対比されうることに気づかれたことであろう。心霊手術に関して提示されるこのような概念や仮説が現代科学によってどのように受け取られまた検証されるのかは将来の問題としてひとまず置き、ここでは神秘不可思議とのみ思われる心霊手術の領域においても、不充分ながら右のような理論化が行なわれつつあることを示しうれば当面の目的を達するのである。

英国にも入神状態で人格転換を起こした状態で治療する治療家がおり、ジョージ・チャップマンはその代表例である。チャップマンは消防夫であったが、ラングという亡くなった眼科医がチャップマンの身体を借りて治療を行なうようになったとされ、その治療は実際に非常な効果をあげている。(George Chapman and Roy Stemman, *Surgeon From Another World*, 1978) ウィリアム・ラングを名乗るチャップマンの指導霊にインタビューを試みたバーナード・ハットンの記するところによれば、彼は生前、英国の王立医学会の眼科分科会長を務めたこともある医師であったということであるが、その語る経歴は実際の諸記録とも一致し、また生前にラング医師を知る患者や同僚医師によって同一人であることが確かめられもした。(J. Bernard Hutton, *Healing Hands*,

1966)

治療中のチャップマンはラング医師そのものとして振舞うが、ブラジルやフィリピンの心霊手術の場合のように、現実の手術用具を用いたり、実際に人体を傷つけたりすることはなく、治療は完全に霊的次元で行なわれる。しかし施療中のチャップマンの治療動作は、見えない世界で行なわれている医師の動きをそのまま現わしているように見える。

こうした入神による治療形態は、ハリー・エドワーズなどの行なう一般的な霊的治療とアリゴなどの心霊外科の場合との中間状態にあるもののようである。しかし、治癒するという観点から見れば外観的形態はどうでもよいことなのではなかろうか。現実の肉体を切り開くという方が、それを目撃する人に与える衝撃や物質的観点にこだわる人々への説得力は大きいと言えるが、霊的手段によって治るという見地からの効果は等価である。患者に一指も触れることなく（遠隔治療の場合）、あらゆる種類の病気に対し治療効果をあげうるハリー・エドワーズのような例が存在するからである。そうした霊的治療が主観的な印象を与えるとしても、知的推論によって、霊魂の存在や霊的現実を納得できる段階にまで達した魂にとってはそれで充分である。ハリー・エドワーズが霊的治療の目的について述べたことを繰返し味読していただきたい。その目的とするところは心霊外科の場合も同じである。（R. V. Tajon, *Exponent of Spritual Therapy*, 1975 Manila, Philippines)

霊的治療は同じスピリチュアリズムの中でもアングロ・アメリカン系のスピリチュアリズムの流れの中で発展し、心霊外科の方はラテン系のスピリティズム（フランスのアラン・カルデックの創始になるスピリチュアリズムの一派でキリスト教的宗教色が強く、また再生を重視する）の流れの中に強く発現してきたことに注意が払われるべきである。アリゴその他のブラジルの心霊外科医の多くがスピリティストの団体とかかわりを持っているのと同様にフィリピンの心霊外科医たちも同国のスピリティストの団体と運動の中から生まれてきた。フィリピンにおいては一九〇三年にグロリア・アルヴィアールがはじめてスピリティストの団体を同地に設け、その後継者にエレウテリオ・テルテという優れた心霊外科医を輩出した。有名なトニー・アグパオアはその訓育を受けたものであると言われている。(前掲書)

右の事実によって現代の驚異と言われる霊的治療や心霊外科が共にスピリチュアリズムの運動の発展と不可分の関係にあることを読者は了解されたであろう。その目的とするところが同じであり、その出発点が一九世紀中葉(有名なハイズヴィルの事件は一八四八年)を源とする人類霊化の一大運動にあり、その主導権がおそらくは霊界の側にあるであろうことも……。

なお付け加えて考察することがあるとすれば、心霊外科の領域はスピリティズムの普及圏に見られるということとおなじく、それらの国々が今なおシャーマニズムの気配を色濃く残している国々でもあるという事実についてである。これらの国々で心霊手術という外観的なものが強調される理由が何か見出されるであろうか。そのことの説明としては、これらの国の人々の心性が、かつて欧米においても物理的な心霊現象が主流となった時期と同じく、霊的ではあっても、未だより強く物質的なものに基盤を置いているということのほかに、歴史的、風土的な事情から、これらの国の人人の持つ生命原質や生命磁場が、霊界から見て操作し易い段階にあるということが考えられるのである。

右のような事情を別とすれば、霊的手段による治療が、時としていかにも衝撃的な外観を伴って行なわれる理由としては、それを見る人々に与える効果が意図されているると考えられるのである。これは超常的な事柄が霊界によって意図的に引き起こされる場合一般と共通なのであって、その目的は、われわれ人間に物質以外の世界の存在を知らせ、これに眼を開かせることにあるとされる。従って超常的物理現象の生起は、あまりにも物質そのものに基盤を置きすぎる人々の意識の変革のためには福音であろう。そのような人々はこうした現象を徹底的に究明するか、それを目撃する機会を摑むべきである。しかしそれと同時に、こうした手段による啓発は、それを目撃しない多くの人々を相変らずの不信の状態にとどまらせるだろうし、かと言って、超常現象の頻出という事態そのものがそもそも言語矛盾的ですらあって、それを恒常化することは自然の全体法則のバランスを崩すことになるという点についても、何がしか哲学的推考に耽る時間を持たれることが望ましい。一〇〇余年に亘る近代心霊研究の歴史は、まさにこうした企図と反芻の歩みの中にあった。

病気と憑霊

一般に、西洋のスピリチュアリストたちの中に、憑霊を病気の原因であるとする者はほとんどいない。ただし病気の中でも唯一の例外は「精神病」ないし「ノイローゼ」で、これの原因を憑霊とする例はあり、又除霊も有効であるとされている（Cf. *Beyond Human Personality* by G. Cummins, *Thirty Years Among the Dead* by C. Wickland)。これに対して日本の霊能者には憑霊を病気の原因とみる者が多く、よく調べてみないと分からないが、シャーマニズムとの関係で、この傾向は東洋の広い領域に流布しているのではないかとも思われる。今彼我の見解のいずれが、どの程度に正しいと俄かに結論を出すことはできない。

日本にはもともと「祟る」という考え方が古くからあり、又、加持祈禱師たちは、多く病の原因を先祖の因縁や憑依であるとして説いて来た伝統がある。従って霊能者が、自分自身の客観的な調査能力をもって病気の原因を調べる以前に、「病気の原因は霊」という観念が先にあることは確かである。このような観念が事実以上に病気の原因を憑霊とする傾向を生むことは否定しえない。霊視の不十分な場合には病者の傍らに見えた霊姿をすべて原因と結びつけて解釈してしまうかもしれない。しかしその霊姿の出現の理由が、病者に対する霊の側の「心配」やその他の理由によるものであったかもしれないのである。

また一方、憑霊は病気の原因でないと言い切ってしまうことにも無理がある。何故ならば、西洋のスピリチュアリズムにおいても、我々現世の側の人間が、よき霊たちの影響や導きを受けるということや、地縛霊のような低級霊の悪しき影響を受けることを積極的に認めているからである。それならば、病の観念を持つ霊の障りを受けないということは言いえないであろうから。しかるに西洋のスピリチュアリストたちがこれを言わないのはどうしたことであろうか。

これは一つに、元来そういう観点がないのでそこに原因を追求しないという死角が生じたのだとも考えられる。同じことは「カルマ」という観念に対してもおきたことである。最初西洋のスピリチュアリストたちは、ほとんどこの「カルマ」という東洋の観念を受け入れることができなかったが、今ではかなり受け入れられている。しかしそれとても段階があるようである。

実は、オーストラリアの霊能者ビル・ローワン氏が日本心霊科学協会を訪れたとき、協会の側のメンバーとの間で論争になりかけたのもこの点であった。ローワン氏は前世のカルマが影響を及ぼすということは認めたのであるが、「先祖のカルマ」という観念になると認めることができなかった。しかるに善き先祖が指導霊として子孫の者に善き影響を与えるという可能性は認めたのである。しからば悪しき先祖の霊は悪しき影響を子孫に及ぼすのではないかという論理的反問には詰ってしまったのである。この点を追求しようとしかけて、その時私の脳裡にキラリと閃くものがあった。私は追求をやめたのである。

見るからに醇朴篤実そうなローワン氏は、善き霊の指導に従って、善き霊の影響のみを語って世界にスピリチュアリズム普及の旅をしているのである。そこで日本の心霊科学協会という所に辿りついたとき、悪しき先祖霊の悪しき影響について、今まで思いもよらなかった鋭い追求を受けることになった。この協会の人々の関心はいったいどこにあるのだろうか、とビル・ローワン氏は思わないであろうか。少なくともそうした霊界の暗黒面を説く教説は光明と希望を語る彼等の仲間うちではかつてなかったことなのだ。そこで私は、西洋のスピリチュアリズムが白魔術の系統の中にあるのだということを強く感じ取らざるをえなかった。悪しき祖霊の影響を強調することは、黒魔術の観点を呼び醒すことになろう。白魔術は霊的影響の光明面を強調することにその特色があるのである。

日本でも心霊主義を先祖の因縁や祟りを説く、おどろおどろしい陰気な信仰だと考えて嫌悪する人が多い。シルバー・バーチは、病気の原因を肉体・心・霊の不調和に帰因すると言っている（この考え方は西洋の霊的治療家たちに大概共通）のであり、その不調和の原因を更に遡って、憑霊が関与しないとまでは言っていないのである。それは言わぬが花としているのかもしれない。何故ならこれらの不調和な霊を引きつけるのも、畢竟は現世における我々の行と心であるからである。我我はまず己の行と心を改むべきである。霊的治療家は病者の不調和を癒すと共に、名指さずとも黙って、高級霊の加護によって、そこに依り来る霊の不調和を癒しているとも考えられるのである。

スピリチュアリズムにおいては、霊的世界の理論と体系をあますところなく説き明かす（それらは神智学の領域）のではなく、また法や術の実際を説く（それらはオカルティズムの領域）のでもなく、人類一般に不可欠な知識として、人間が本来霊的な存在であること、霊性を開発して魂の進化向上に努めるべきことを自得せしめればそれで目的を達するのである。従って霊的実存の光明面に焦点をあてて人類を督励すればそれで足りるともいえる。

しかしあくまでも霊学的争論《あげつらい》をするというのであれば、それはいずれ世界のスピリチュアリストの集まるＩＳＦ会議などの場で、彼我の霊能者による客観的徹底的追求によって結論を求めるべき問題であるといえよう。

スピリチュアリズムにおける西欧と東洋

スピリチュアリズムは、科学、哲学、宗教の三側面を持つといわれるが、右に述べた観点からすれば、やはり思想的認識的側面が強いといえる。もし霊の憑霊的側面を強調して、除霊や日本でいう供養を専らにするようになれば、それは西洋的概念から言えば、実践的オカルティズムの領域に踏み込んでしまう。善良な一般市民の常識としてのスピリチュアリズムは、そこまで踏み込まずに解決できる哲学と手段を示さなくてはならないであろう。

身・心・霊の不調和が病気の直接原因であることは、日本の霊能者といえども認めざるをえないところであろう。しかし、原因の原因を考えるとき、現世の側の原因と霊界（幽界）の側の原因が考えられ、その場合、西洋のスピリチュアリストたちは、霊界の側の原因を強調しない（神経症や精神病以外は）という言い方が正確なのであろう。

日本における「心霊」が西洋の考え方からすれば、多分にオカルティズムの領域に入っていることを指摘しなければなるまい。西洋のスピリチュアリストとしての霊能者たちは、専ら死後生存の証明を示すという点に活動の最大の焦点を置いている。しかも治療の面は専門家を持っている。死者の魂の救済はもともとキリスト教の領分であり、それには彼らも別段反対ではない。ところが日本における霊能者は、加持祈禱者の伝統の為か、このすべて（霊査、治療、除霊、死者供養）を要求され、これに応えるのが霊能者とされているのである。

同じスピリチュアリズムでも、私の見るところでは、フランスのアラン・カルデックによって始められたスピリティズムの方は、宗教的、実践霊学的観点が強く、やや日本の「心霊」理解に近い。その活動の中心が南米に移ってから、土地柄かますますその趣を強くしているようだ。

日本人であるわれわれが、先祖供養を強調する問題なども、西洋のスピリチュアリストの常識と違ってくるのはやむをえまい。西洋では横型の類魂同朋主義が強調せられ、我々は縦型である。時として同朋の苦しみを我が苦しみとして代受苦することが西洋の愛であるならば、先祖や子孫の苦しみを己が苦しみとして代受苦を率先して行なうのが東洋の愛である。そうした霊的連結の観念が顕幽に渡って定着している。われわれが今、東洋に生まれるというカルマを、自ら選択したということが霊的真実ならば、暫く祖先の祭りを行なって東洋のまねびをすることも、今生においては大いに善いことではあるまいか。

日本における伝統的霊的治療と今後の展開

日本における伝統的霊治療の代表格である加持祈禱においては、行者霊などが自然霊の持つエネルギーを借用して（ときには使役して）行なう場合が多いのではなかろうか。かれらが人体の組織について詳しい知識などを持つわけがないから、大方はエネルギーを流用するだけのパワー治療であって、そのためにその治療形態は、霊治療でありながら、念力的力みを伴うのである。わが国において明治の末年ごろから盛んになった様々な霊術家たちの霊治療も概ねこの類いであって、宇宙力や宇宙生命の直接利用という観点をセオライズしているから、ハリー・エドワーズの言う「磁気治療」（ないし「宇宙力治療」）に当ると考えられる。

スピリチュアリズムにおける霊的治療の特色は、神霊ないし宇宙力と治療家の間に仲介者としての霊人の積極関与を認める点にあることは前にも述べた。その仲介者自身が個性ある知的主体である。神界次元の高級神霊の直接関与のある場合が絶無であるとは言えないかもしれない。しかし、あまりにも高級な神霊は、元来一個人の病気の治癒などということに関心を持たないとされるので人間はそれぞれのカルマの法則に従って自己学習を重ねればよいことになっている。高級神霊が関与するとすれば、それは何らかの特別な意図がある場合でなければならない。ハリー・エドワーズの言う人類の危機の時代は、こうした特別の意図を喚起する状況なのであるかもしれない。しかしスピリチュアリズムの常識に従えば、そうした場合でも高級神霊の人間への関与は間接的であって、かつては天使や菩薩などと表現されていた高級人霊の仲介的系列が存在するとみなされるのである。

さて、ブラジルの驚異的心霊手術者であったアリゴや、フィリピンのトニーほかの治療家たちが、スピリチュアリズムの一形態であるスピリティズムの諸団体に所属する人々であったことは、これまであまり知られていなかった。ハリー・エドワーズを初めとする欧米の著名な治療家たちのほとんどすべてが――例外はあるとしても――スピリチュアリズムの実践的な奉仕活動の中から生まれてきているのはまぎれもない事実である。霊的治療や心霊外科がまさに世界的規模で浸透普及しつつあることを、たんなる偶然として看過すべきではない。今世紀に入って、従来の信仰治療の枠組を超えて、夥しい霊的治療の成功例が報告されるようになったこと、それらがスピリチュアリズムの世界史的流れの中で生起していることを銘記すべきである。この傾向はこれからますます強まるものと思われる。何故ならばそれが現代の物質文明の危機とゆき詰まりを打開するための霊界の意図であり基本戦略であることを信頼すべき指導霊たちがそれぞれに伝えているからであるとスピリチュアリストはしている。

霊的治療は、スピリチュアリズム普及のための先導役とも動輪ともなるものとされているようである。その霊的治療がわが国では未だ充分な展開を見せないでいるのは時が至らぬためであろうか。

わが国では欧米におけるようなキリスト教の支配的な締めつけがないために、霊的治療は信仰治療の仮面のもとに既に充分に羽根を伸ばしてその成果を満喫しているのであろうか。

霊的治療は治療霊と治療家の交互作用によって進歩する。ハリー・エドワーズも言っているように、ここ数十年欧米においては、霊的治療が目ざましい進歩を遂げたのである。それはこの世の側の治療家が霊界の意図をはっきりと受け取ってそれに協力すべく態勢を整えたからであった。治療霊の治療技術や治療可能な領域が治療家の積極的な対応によって拡大されるという観点が導入されてもいいようだ。

これまで行なわれてきたわが国の霊的治療といわれるもののほとんどは、従来の信仰治療の概念か呪術の範疇に含まれるべきものである。人間の病を霊魂の観点から治療する方法は自然のものであって、あらゆる民族と時代に普遍的に存在する。まさしくそのような手段によって人間の病は癒されうると考えられる。実際には人霊の関与があっても、われわれの先祖たちは、眼に見えぬ優れた働き手たちを、それぞれに神とか仏菩薩とか呼んでいたのである。この事情はどこの国のどの時代においても大同小異であったであろう。

こうした傾向は、人間を自分以外のより大きな存在に対する信頼へと誘導するという観点から見れば、格別の誤りがあったとも思われない。しかしながらそれがある特定の集団の利益や偏見を導く信仰内容と結びつけられがちなことを考えると、決して利益ばかりがあったわけではない。現代に生きる新興宗教がおしなべて神仏による治療を売りものにしていることは、実際には霊的治療と異ならぬプロセスが働いて治癒が起こる場合が多いのであろうし、一人でも多くの人が苦患から救われるという見地から見れば結構なことであろう。しかしながら同時にそれは、ともすれば信者を普遍性を欠く狭い信仰の範囲に閉じ込めてしまい、あまりにも非合理的な前時代的思考の中に退行させてしまう危険がありはしないだろうか。自分自身だけの特殊な呪術を売る行者が、他を罵倒しつつ己への信従を要求するように、特定の集団への帰依を強制しすぎないだろうか。また明らかに迷信にすぎないと思われる知識や二流の能力者たちが考え出した思いつきのセオリーのようなものが絶対的なものとして信じられてはいないだろうか。スピリチュアリズムの持つ理性的な側面の洗礼に浴していない霊能力者の中には、個人的な狭い体験を基として妄想的な理論を展開したり、また何らの合理的基準もなしに因縁の恐怖や人の怨念のみを強調している人も見受けられるようである。こうした人々は、人類のための普遍的な霊的知識の一部を切り取って、自分自身と特定の集団にのみ人々の注意を引きつけ、それによって何がしかの利益を得ようとしていると非難されないだろうか。

わが国でも近年治療信仰が盛んになっていることは、あるいはこれが人類霊化のための世界的脈動とどこかで符節を合わせる動きであるのかもしれない。なぜならば人類の霊化が達せられるためには、諸宗教も再びその霊的源泉に帰って霊化しなければならないからである。

信仰治療から霊的治療への移行形態にあると思われるものを見てみると、わが国においては次のような例がある。

戦前において霊治療の特異傑出したものとして、九州長州《ながす》の「生き神様」と言われた松下松蔵氏の例がある。一見何の変哲もないお百姓さんであったが難病奇病を笏の一振りで瞬時に治癒せしめる力があった。結核、癌、ハンセン氏病も例外ではなく、全国から治療を求める人が長州腹赤村のこのお百姓さんの家へと蝟集《いしゅう》した。国鉄長州駅に汽車がとまると、「神様行き」と行先の書かれたバスが三台列になって出発したという。この人のことは九州毎日新聞の社主であった澤井元善という人が三年ほどこの松下氏にかかりきりになって『神人松下先生』という本を著している。

この松下松蔵氏は、あるとき(四〇過ぎて)神前で神拝中一升ほどの血を吐いて以来治病能力を得たという。特定の信仰を強制するわけではなかったが、敬神崇祖と親孝行だけをすすめた。まず霊視して、親孝行でないとわかると治療しなかったといわれる。

戦後発足した「千鳥会」という会は、塩谷信男博士という東京帝大医学部出身の医師によって主宰され、「まなて」とよぶ独自の治療法を施した。この治療形態は信仰治療に近いものを残しているが実態は霊的治療であったと思われる。日本のスピリチュアリズムの独自な発展の中に位置づけられ、スピリチュアリスティックな認識の高さで他を圧している(聖徳太子にゆかりのある霊団が働いたといわれる)。

霊的治療は日本においては未だ本格的な普及の緒についていない。その最も大きな理由の一つは、スピリチュアリズムの基本的理念が、これを推進させせようとする人々のグループにおいてさえ、未だしっかりと根を下ろしていないために、これを人類的規模で展開しようとする霊界の意図と結びつかないためであると考えられる。従って霊的治療を行なおうとする人の観点が、従来の信仰治療ないし霊術家の霊術的段階を脱しえていない。その結果、現在見られる治療の小規模な成功例は、個人の背後霊のカルマの発動の範囲であり、治癒はたかだかその陰徳の発露でしかないもののようである。残念なことに、わが国における霊治療の実態は未だに「治癒」を奇跡の領分にとどめているのである。

いずれにしてもハリー・エドワーズの霊的治療における理論と実践は、こうしたわが国の霊的治療家のあり方にも今後大きな影響を与えてゆくことは間違いのないことであると思われる。現在、霊的治療の最も盛んな英国には「英国霊的治療家連盟」（ＮＦＳＨ）という権威ある統合組織が存在し、霊的治療は英国の至るところで行なわれている。「ＮＦＳＨ」には数千人の治療家が登録されており、法改正や英国医師会との交渉に団体交渉力を発揮するまでになっている。治療家たちは病院を訪問する権利を獲得し、かれらの基本的立場は「慈善法《チャリティ・アクト》」という法律によっても是認されるのである。このことは大戦後のつい先頃まで、現実に中世以来の「魔女法《ウィッチクラフト・アクト》」なるものが存在し、実際にそれの違反に問われる者があったことを考えれば隔世の感がある。

このことにはハリー・エドワーズやジョージ・チャップマンの他にも、エドワード・フリッカーやゴードン・ターナー、Ｍ・Ｈ・テスターその他の真に驚異的な能力者が相ついで輩出したことも力あったに相違ない。現在では英国国教会の牧師の中にも霊的治療にまじめに取組むグループができている。伝えられるところによると、英国医師会の会長を務めたこともあるチャールズ皇太子は、昨年（一九八三年）七月の「ブリストル癌救助センター」の開所式で、霊的治療家と医師の協力をよびかける演説を行なった。また英国医師会の年次大会にも、これらの領域に対する医師のオープン・マインドを要求する書簡を寄せた。これに対し数カ月後、英国医師会は二年間の本格的調査を実施する約束をしたということである。これらのことは英国において霊的治療家たちがいかに成果をあげ実際に受入れられているかを示している。また同時にこの百数十年の間、スピリチュアリズムと心霊研究の分野において、英国がたえず世界の先頭を切って進む国であったことを思えばこの結果も充分に首肯される。

人間存在の本質に関する見方に根本的な変革が訪れて、人間が自分自身に嵌めた鉄の鋳型をはずす時がくれば、霊的治療の存在することはむしろ一つの自然とみなされるであろう。霊的治療は単に病気を癒すというにとどまらず、人類全体を霊化するという神の計画にそって霊界と霊魂の存在を教えようとする。霊的治療は、人間がそもそも霊的な存在であることをアピールする。ハリー・エドワーズその他のスピリチュアリストたちの言う霊界の神聖な意図が現実のものであるとすれば、現在世界中に澎湃と興り広がる霊的治療の普及と浸透の方向はもはや押しとどめることができないであろう。

スピリチュアリズムはやむをえずイズムという語尾をつけており、わが国の識者にはこうした特定の思想信条に組することを嫌う人が多い。しかし繰り返し述べたように、スピリチュアリズムの向う方向は、特殊の思想信条というにはあまりに普遍的な基本認識の、人類全体に対する提示であって、特定の小党小派に凝り固まることではないと思われる。スピリチュアリズムのこれまでの歩みは、人間がそもそも霊的な存在であることの堂々の主張であり、またそのための証拠提供の真に己を滅した奉仕の道程であったと考えられる。

霊的世界の媒体になり易い人々が先天的に存在し、また通常の人でも、ハリー・エドワーズの言う〈霊的な心〉の働かせ方を習得することによって、「人類の霊化」という神聖な目的に沿う治療力の開発が可能ならば、そうした方向へと鼓舞し、活発化させるべきではないだろうか。

また一方において、現代医学をのみ信奉する人が、医師によって不治の病を宣告されることほど残酷なことはない。それは精神的な極刑宣告と同じことである。こうした悲惨を少しでも軽減すべきである。本書を読まれた方はおわかりのように、霊的な見地から見た「不治の病」というのはないのである。こうした悲惨を防ぎとめることのできる人材が密かに世に埋れているのではなかろうか。そうした人々が真に奉仕的な治療者となるきっかけを本書が提供できれば、と思う。

霊的治療を志す人は、個人のカルマを超えた大きな人類的規模の霊団の霊流の中に身を置くべきである。その時治療は自ずとやってくる。霊的治療は霊界の存在をアピールするのに最もよい手段とされている。人類は物質的次元の存在の有効利用を組織的に考え出した時から、その部分的法則の操作のみに心を奪われ、全体の生命の営みという観点から見ると大きな誤りを犯し、数世紀に亘って「世紀末」と呼ばれる人類病を病むに至った。今世紀においても人類はそれを完全に克服しえたわけではない。その起源と目的を考察すれば、スピリチュアリズムそのものが、人類全体にとっての霊的治療に当るものなのである。

最後に、ハリー・エドワーズが彼の妹と彼の家族に書き残した遺書から二、三のことばを引用したい。

「人生の価値は、他人の幸せのために尽すところにあります。そしてこの〃価値〃は、地上生活を終えたあとにも、幸福な記憶として生きつづけるはずのものです。このことが私にとっても、何ほどかは当てはまるものであってほしいと思います」

「もしそうであるならば、それを可能にしてくれたのは私のこの肉体です。それが私にたいへ役立ってくれたことを私は感謝しています。しかし私が肉体を離れる以上、その働きは終ったのであり、もはや無価値です」

「葬式というものは肉体のためのものです。それをどんな形式で行なっても、楽しからざるものになってしまうものです。ですから私は、今や無用のものとなった肉体を墓所に送るためのカラ騒ぎや儀式は一切なしにしたいのです。葬るだけでよいのです。私はいつまでもあなた方と一緒にいるのですから〝さよなら〟を言う必要はありません」

「私はいつも、花が摘み取られ、針金で束ねて花輪に造られ、みる間にその可憐さを失ってゆくのを見るのがいやでした。それならばどうか、私を思い出してくれる人は家に新鮮な花を飾って下さい。火葬場に乾からびて、翌朝にはごみとなって掃かれてしまうのを見るよりは、家に置かれた花を見たいものです」

　これらのことばはひたすら愛と奉仕に生涯を捧げたハリー・エドワーズの人柄を端的に表わしているように思う。いったいどのようにすればこのような高潔な人格をこの世で練り上げることができるのであろうか。

　ハリー・エドワーズはスピリチュアリストで、いわゆるキリスト教徒ではないといわれる。筆者はこれまでキリスト教には縁もゆかりもなかった者である。しかしなぜか、ハリー・エドワーズの人間像を通して、この異国の教えに最大級の敬意を感じさせられた。そしてふと、次のような奇妙な想念を与えられたのである。ハリー・エドワーズこそは、時代を隔てて現われた、キリストの真の弟子の一人ではあるまいかと。

訳者あとがき

霊的治療は世界を席巻しつつある。このことの現代における意味を明らかにするために本訳書は世に出された。

この訳著では、従来用いられている「心霊治療」ということばの代りに「霊的治療」という訳語を用いている。それはひとつには、「心霊治療」ということばでは、自己の能力の延長上にあるサイキック・ヒーリングと霊の援助を前提とするスピリチュアル・ヒーリング（ないしスピリット・ヒーリング）の区別がつけがたいということにもよるが、もうひとつ「心霊治療」というタームが心理的汚染を受けている気配なきにしもあらずと訳者が判断したためでもある。

こうした汚染の背景には、世間一般の側が心霊治療の意味をよく理解しないうちに、このことばを用いはじめてしまったことがあると思われる。それが証拠に、この領域に関するまともな文献がこれまでほとんど世に紹介されていなかったのである。

従って、心霊治療ということばを用いながらこのことばの意味を正確に理解した人はほとんどいなかったわけであるが、このようなときに世間一般のやり方は伝統の中から類似のものを探し出してきて当てはめるというやり方である。そこで心霊治療の意味は、従来からある加持祈禱ないし禁厭の類いということになってしまう。事実、心霊治療ということばを用いながら、何らかの伝統的な呪術的身ぶり手ぶりや、呪言にさえ頼っている人々が多く見られるのである。
「霊的治療」は一時代前の霊術家たちが用いた念力法や観念法とも異なるものである。「霊的治療」とは、霊の存在に最も敏感な現代人が、霊界の援助を仰ぐ仕方での治療を促進すべく体得した、最も自然な形による治療法なのである。それではそれがどのようなものであるかを尋ねるとするならば、それはこの方面で最も顕著な成績をあげたハリー・エドワーズに訊くのが最もよいということになるであろう。こうして霊的治療がいかなるものであるかをよく理解したあとであるならば、従来通り心霊治療ということばが用いられることに、訳者はあえて異を唱えるものではない。

霊的治療を受け入れない人が、主として鉱物の摂取による治療（現代医薬の）を受け入れているというのは奇妙なことだ。またいわゆる漢方に頼る人は、動植物のある部分を自家薬籠中のものとしているのである。これらの人々はおよそ自然間にあるものの中から何かを補って、自己の身心に生じた不調を回復させようとしている。これは何か予定調和の如く、やがて自分に不足すべきものが、自然の鉱物、植物、動物の中に予じめ配置されてあることを期しているかのようである。しかしそれならば、人は人の霊的不足を補い、他界の霊は人を助けることができないであろうか。

　現代における霊的治療の世界的浸透が、一九世紀中葉から始まったスピリチュアリズムの運動と陰に陽に結びついていることに、やがて人々はもっと心を留めるようになるであろう。さらにそのことが人類のある未来を指し示すものであることにも。

　近代スピリチュアリズムの百数十年におよぶ経験と観察は、人間の病《やまい》を肉体と心と霊の不調和によると喝破した。要するにわれわれが健康を保つには、この三者の調和を保ちつつ過せばよいのであるが、現代人にはこのうち心と霊に対する知識がなさすぎる。およそその存在すらも自覚しないものを大事に保つということは不可能なのである。

　ハリー・エドワーズがその四〇年余にわたる治療活動によって実証したかったこと

訳者あとがき

はおそらく次のことだ。それは霊の世界というものがあり、その世界とわれわれは相互交渉を持つということ、そしてその相互交渉の片われであるわれわれ自身、もともとは霊的な存在でもあるということである。この認識からすべての霊的問題がはじまる。この単純な真理を人類に示すための使徒としてハリー・エドワーズは偉大な仕事をなし遂げた。その高貴な目的をよく認識したために、それを示すための一個の道具として、自己の半生を差し出すことを躊躇らわなかった。そのことによって人が人を補い、霊は人を助けることが出来ることをも実証したのである。

　訳者は、日本において、心霊研究とスピリチュアリズムの実践のための諸情報が比較的よく往来する交通の要路のようなところにいた。そのために、これらの領域の観察と調査および実践に身を委せることになった。

　本書はハリー・エドワーズの初期の著作であるが、治療理論や実践の模様に触れる以外にも、霊的治療の行なわれる意義や背景について比較的よく述べられているという点で重要な著書であると思う。

　本書では、霊的治療については、全体の俯瞰的理解を与えるものがこれまでほとんどなかったために、編集部の求めに応じてやや長い解説を付する結果になった。本訳書のなるに際して、松井克弘、川村之両氏のお世話になったことに心からのお礼を述べておきたい。

一九八四・三・二〇

梅原伸太郎（うめはら　しんたろう）
1939 年東京生まれ。慶應義塾大学大学院博士課程（科学哲学専攻）、國學院大學大学院修士課程（神道学専攻）修了、南カリフォルニア大学大学院（ＳＣＩ）にて Ph. D. を取得、哲学博士。日本心霊科学協会『心霊研究』編集長、国際精神世界フォーラム事務局長、本山人間科学大学院講師などを務める。2009 年逝去。
著書に『〈他界〉論』（春秋社、1995 年）、監修・翻訳書に「世界心霊宝典」（全 5 巻、国書刊行会、1985–86 年）などがある。

新装版 霊的《れいてき》治療《ちりょう》の解明《かいめい》

1984年 5 月15日　初版第 1 刷発行
2014年11月12日　新装版初版第 1 刷発行
2020年 2 月10日　新装版初版第 3 刷発行

著　者　ハリー・エドワーズ
訳　者　梅原伸太郎
装　訂　山田英春
発行者　佐藤今朝夫
発行所　株式会社国書刊行会
東京都板橋区志村 1-13-15　〒174-0056
TEL03-5970-7421　FAX03-5970-7427
https://www.kokusho.co.jp
印刷所　株式会社エーヴィスシステムズ
製本所　株式会社ブックアート

ISBN978-4-336-05872-0
乱丁・落丁本はお取り替えいたします。